Diccionario básico de Antropología

DICCIONARIOS BÁSICOS

La Bisagra | Buenos Aires | 2014

Fau, Mauricio Enrique
    Diccionario básico de antropología. - 1a ed. - Buenos Aires : La Bisagra Editorial, 2014

    128 p. ; 17x11 cm. - (Diccionarios básicos / Mauricio Enrique Fau; 10)

    ISBN 978-987-1719-39-6

    1. Antropología. I. Título
CDD 301

Fecha de catalogación: 06/02/2014

Colección Diccionarios Básicos
Director de la colección > Lic. Mauricio E. Fau

Mauricio Fau se graduó en la Licenciatura en Ciencia Política en la Universidad de Buenos Aires, UBA. Cursó también estudios de grado en la Carrera de Derecho de la UBA y en la Carrera de Periodismo de la Universidad de Morón.

Asimismo realizó materias de posgrado de la Maestría en Ciencias Sociales con especialización en Ciencia Política de la Facultad Latinoamericana de Ciencias Sociales, FLACSO.

Asistió a diversos talleres y seminarios en instituciones educativas, entre ellas el Instituto Argentino de Desarrollo Económico, IADE.

Representando a FLACSO participó con una ponencia en las Jornadas Nacionales Nietzsche 1994 y su exposición forma parte del libro alusivo, editado por la Editorial Universitaria de Buenos Aires, EUDEBA. Ha colaborado también con publicaciones vinculadas a las Ciencias Sociales y co-dirigió programas radiales de temática histórico-política.

Profesionalmente, se desempeñó como docente de la Carrera de Ciencia Política de la UBA y actualmente es Director Académico de La Bisagra Editorial y autor de numerosos libros de temática universitaria.

Escribo para que la muerte no tenga la última palabra.

Odysseus Elytis, poeta griego

DATOS BIOGRÁFICOS

DEL AUTOR

Mauricio Fau se graduó en la Licenciatura en Ciencia Política en la Universidad de Buenos Aires, UBA.

Cursó también estudios de grado en la Carrera de Derecho de la UBA y en la Carrera de Periodismo de la Universidad de Morón.

Asimismo realizó materias de posgrado de la Maestría en Ciencias Sociales con especialización en Ciencia Política de la Facultad Latinoamericana de Ciencias Sociales, FLACSO.

Asistió a diversos talleres y seminarios en instituciones educativas, entre ellas el Instituto Argentino de Desarrollo Económico, IADE.

Representando a FLACSO participó con una ponencia en las Jornadas Nacionales Nietzsche 1994 y su exposición forma parte del libro alusivo, editado por la Editorial Universitaria de Buenos Aires, EUDEBA.

Ha colaborado también con publicaciones vinculadas a las Ciencias Sociales y co-dirigió programas radiales de temática histórico-política.

Profesionalmente, se desempeñó como docente de la Carrera de Ciencia Política de la UBA y actualmente es Director del Departamento Académico de la firma Soluciones Universitarias, especializada en la elaboración de materiales didácticos para el ingreso a la Universidad.

PREFACIO

Elaborar este diccionario –y los demás que forman la colección de Diccionarios Básicos– ha sido una tarea ardua e intensa, pero muy satisfactoria.

Las miles de horas dedicadas al trabajo se ven recompensadas por la convicción de que el lector encontrará un material realmente valioso, realizado con la mayor seriedad.

En lo personal, me ha sido de suma utilidad el verme ante el desafío de elaborar un contenido que incluya las más diversas manifestaciones del pensamiento, con la convicción de que es desde el conocimiento de lo diverso como se constituyen las propias ideas.

Sin caer en un eclecticismo vacío ni oportunista, la legítima aspiración a la objetividad científica se topa indefectiblemente con la toma de posición, la cual –a la inversa– es puesta en cuestionamiento, es interpelada, por ideas diferentes e incluso antagónicas.

Estoy convencido de que la verdadera libertad del hombre pasa, no por una pretendida objetividad dogmática, sino por la posibilidad de tener acceso a todas las voces, a todos los discursos, a todos los conflictos. Sólo de ese modo –es decir conociendo perfectamente aquellas ideas que no son las nuestras– podremos realmente elegir de un modo no dogmático las propias.

La vieja idea ilustrada del enciclopedismo mantiene su vigencia. El objetivo de este Diccionario es aportar un granito de arena en la titánica lucha por la liberación humana de toda forma de opresión.

Si por intermedio de este libro el lector logra aprender y aprehender algo más de lo que ya sabía. O mejor, si se topa con ideas que contradicen las suyas hasta hacerlas tambalear. Si se produce esa *sacudida*, entonces el objetivo estará cumplido. Las grandes revoluciones de la historia requieren tanto de una transformación social material como de un cambio en la cabeza de sus protagonistas.

El autor

CARACTERÍSTICAS
DEL DICCIONARIO

• Los términos más utilizados en el ámbito universitario

• Explicación breve, pero precisa y completa

• Definiciones basadas en la bibliografía propuesta en los programas de las materias del Ciclo Básico Común de la Universidad de Buenos Aires (CBC), el sistema a distancia UBA XXI y otros de diversos universidades públicas y privadas

• Gran cantidad de remisiones, para que el lector encuentre el término que busca

• Referencias cruzadas destacadas que permiten pasar de una definición a otra vinculada y así sucesivamente. Así, partiendo de cualquier definición del Diccionario es posible recorrer diversas rutas: el conjunto de una teoría, cotejar teorías diferentes, asociar y agrupar términos, recorrer la obra completa de un autor por medio de sus conceptos claves

• Contextualización rápida: en las entradas referentes a personajes históricos y pensadores, inmediatamente después del apellido y nombres se ofrecen datos como la fecha de nacimiento y muerte, nacionalidad, profesión, etc

• Términos no unívocos: en el caso de las entradas cuyas definiciones dependen de la teoría en la que se encuadren, esto se aclara
específicamente. Esto es útil a los lectores para comparar y advertir
la diversidad ideológica que tienen muchos términos, reforzando el
espíritu pluralista y crítico, reconociendo las cargas ideológicas diferentes y hasta opuestas

• Obras claves: libros fundamentales con su autor y fecha en el que
fueron escritos. Este recurso resulta muy útil para comenzar a leer
un libro ya que permite contextualizarlo (con la época y el lugar en
que se hizo) y ver sus ideas principales

• Términos clave de un autor: se trata de términos pertenecientes o
muy ligados a un autor en particular

• Inicial: en la definición se utiliza la inicial de la entrada en cuestión

• Ejemplos: cada vez que lo hemos considerado necesario se han
introducido ejemplos aclaratorios

• Letras Ch y Ll: de acuerdo con las recomendaciones de la Asociación de Academias de la Lengua Española para los diccionarios, las
letras ch y ll no figuran en forma independiente sino que aparecen
en el orden correspondiente dentro de la c y la l respectivamente

• Términos de otras lenguas: las palabras pertenecientes a lenguas
distintas del español son presentadas en letra cursiva

• Bibliografía: al final del Diccionario, el lector hallará una bibliografía cuidadosamente seleccionada que constituye una verdadera
biblioteca esencial de cada disciplina

A

Aculturación: Pasaje de elementos de una **cultura** a otra, desde utensilios, hasta **costumbres**, **valores** y creencias. Para algunos autores, la A no deriva en el reemplazo de una cultura por otra, sino en una mezcla de ambas o **sincretismo** (**contacto cultural** o **transculturación**). Otros, en cambio, vinculan el término con la **asimilación** –como en el caso de muchos **inmigrantes**– o directamente con el **exterminio** cultural. Como sea, en la A existe un **cambio cultural**, donde una cultura dominante se impone sobre otra subordinada a la que empobrece (**deculturación**), aunque ésta tiene cierto margen de maniobra para seleccionar lo que recibe. También se utiliza el concepto de **difusión**, entendido como préstamos de una cultura hacia otra.

Acumulación originaria (Karl Marx, siglos XV-XVI): Acumulación del **capital** inicial que permitió el lanzamiento del **modo de producción capitalista**. La AO fue un **proceso** de acumulación no **capitalista** basado, no en la **explotación** económica, sino en la violencia física directa. A fines del siglo XV, desde **Inglaterra** hubo una gran **demanda** de **materias primas** para lana, lo cual hizo subir su **precio**. Esto provocó una concentración de las **tierras** para pastoreo de animales (disminuyendo las destinadas al cultivo), para lo cual fueron tomadas las parcelas de los **campesinos**, que pasaron a manos de unos pocos **terratenientes**. Así, los campesinos perdieron su tierra, sus **medios de producción** y su **trabajo**. Luego, durante la **Reforma Protestante**, se expropió a más campesinos y a la **Iglesia**. Predominó entonces una **agricultura extensiva**, con poca **mano de obra**, aumento de la **producción**, **mercado** de trabajo abundante y **fuerza de trabajo** formalmente libre. Fue el nacimiento del **proletariado**, la **clase** de los **obreros asalariados**, que se formó a partir de los campesinos y colonos desocupados y sin tierras, y de los **artesanos** quebrados por la **competencia** capitalista. Todos ellos pasaron a ser jornaleros y **asalariados**. La **burguesía** capitalista se formó, en parte, en base al enriquecimiento de los **arrendatarios** que -como pagaban una **renta** fija- acumularon tierras y **ganancias**. Además, vendían los productos a un creciente **mercado interno**. La otra fuente de formación de la clase capitalista fueron los **comerciantes** que, comprando barato y vendiendo caro fueron también acumulando riquezas (ver **mercantilismo**). Contra lo que comúnmente se piensa, Marx plantea que el capitalismo es el sistema que más atentó contra la **propiedad privada**, fruto del trabajo propio. LA AO previa al capitalismo (de la cual forma parte importantísima la conquista de **América**) se sustentó en la conquista, la esclavización, el robo y el asesinato, la violencia, en una palabra. La AO es el proceso histórico de disociación entre el productor y los medios de producción: es la destrucción de la propiedad privada basada en el trabajo propio.

Acumulación primitiva: Ver **acumulación originaria.**

Adquisición (funcionalismo): Capacidades y cualidades que un **individuo** consigue en la **sociedad** como resultado de sus logros, méritos y realizaciones. Se opone, en este sentido, al *status* social obtenido desde el nacimiento en forma **objetiva** (ver **adscripción**).

Adscripción (funcionalismo): Modo en que en una **estructura social** se adjudican ciertas posiciones iniciales (*status*) a los **individuos.** La A resulta de características **objetivas**, dadas por nacimiento, tales como el sexo o el parentesco. Estas posiciones iniciales pueden o no variar a lo largo de la vida de un **sujeto**, de acuerdo con sus logros o méritos (ver **adquisición**).

Agrupamiento (Didieu Anzieu): Grupo que se reúne con cierta frecuencia y que tiene un interés en común del que sus miembros no son demasiado conscientes. Cierto interés les es común, pero cada uno lo asume como propio. La mayoría de las asociaciones son de este tipo: las asambleas, colectividades, colonias de vacaciones, compañías, tropas, harenes, son ejemplos de A. Las relaciones humanas propias de los A son superficiales, pero sirven para mantener sus creencias y **normas.**

Alienación: Proceso o situación en que algo o alguien es o se convierte en un extraño para sí mismo, encontrándose fuera de sí. Mientras que en **Hegel** la A es ideal, **Feuerbach** la vio ligada a la **religión:** el hombre está alienado porque inventa un Dios superior a él. En los *Manuscritos de 1844* de **Marx** la A es centralmente material (aunque también reconoce la A espiritual), y se basa en la **propiedad privada de los medios de producción** –forma máxima de la A–, que hacen que al productor de la riqueza no le pertenezcan su **tiempo de trabajo**, ni las herramientas que utiliza, ni el producto de su **trabajo** (que pasa a ser **trabajo muerto, mercancía** en manos del **capitalista**), ni el **sentido** que el mismo tiene, ni en definitiva su propia vida, que van a manos de la **clase social** explotadora. Decía Marx que el trabajador, en la **sociedad capitalista** era "un mero apéndice de carne en una máquina de hierro". El término tiene también otros significados: en lo jurídico (venta o transferencia de un **bien** o **derecho**), en lo psicológico (alteración de las facultades mentales, es decir, la locura en términos generales) y en lo sociológico (disolución de los lazos que unen a un **individuo** con los demás).

Amerindio: Persona que pertenece a algún **pueblo aborigen** de América Central o del Sur.

Ancestro: Antepasado.

Ancestro común (7.000.000-4.000.000 a.C.): Género del cual se derivaron las **especies** animales de los grandes monos y la del **hombre.**

Animal simbólico (Ernst Cassirer): En

su obra *Filosofía de las formas simbólicas*, Cassirer postula que el **lenguaje** no cumple una función puramente instrumental ni sirve para denominar una realidad preexistente. Por el contrario, el lenguaje *articula* y *conceptualiza* la realidad. Esta *función simbólica* del lenguaje distingue al hombre de los animales (éstos sólo actúan y repiten), lo que hace del hombre en todo caso un "AS". No sólo el lenguaje cumple esta función privilegiada de lo simbólico: también lo hacen el **mito**, la **religión**, el arte, etc. El mérito de Cassirer es haber indagado en las leyes específicas que rigen los sistemas simbólicos. Al analizar este análisis de lo simbólico que opera en la conciencia, Cassirer transforma la "crítica de la Razón" (que se articula en obras filosóficas como las de **Kant**) en una "crítica de la **cultura**".

Animatismo: Ver **animismo**.

Animismo: Creencia en la actividad voluntaria de los seres orgánicos e inorgánicos y de los **fenómenos** de la naturaleza, profesada por pueblos que adoran a dichos seres y fenómenos. Supone, por lo tanto, creer en la existencia de espíritus que animan a todas las cosas. Los animistas atribuyen a los objetos capacidad de voluntad, de comprensión y de odio o le atribuyen posibilidad de movimiento independiente. Según Tylor, el A es la forma más antigua de **religión**. En **Psicología evolutiva** se denomina A a la tendencia del niño de dotar de vida y de voluntad a los objetos que lo rodean.

Anomia (Émile Durkheim): Ausencia o debilidad de adhesión a las **normas** (inadecuadas, contradictorias, ilegítimas) que provoca comportamientos individuales desviados, contrarios al orden social, especialmente en el contexto de una creciente **división del trabajo** propia de la **solidaridad orgánica** (aunque la A también puede producirse en **sociedades** simples). La formación de determinados cuerpos intermedios (en particular las **corporaciones**) entre los **individuos** y el **Estado** es para **Durkheim** la forma de combatir estas patologías. El término fue propuesto por Durkheim en *La división del trabajo social* (1893) y aparece también en *El suicidio* (1897). Posteriormente fue reformulado por **Merton** en *Teoría y estructura social* (1957), entendiéndola como la incoherencia entre los fines que la **sociedad** plantea (por ejemplo, en **EE.UU.** el éxito a través del **dinero**) y los medios ofrecidos (difícil acceso al dinero).

Antiguo: Elementos surgidos en la antigüedad, en **sociedades** preestatales, pero que sobreviven en la actualidad, aunque han sido superados por componentes más modernos. Por ejemplo, la rueda de una carreta es A, pero coexiste con la rueda del auto.

Antropocéntrico: Visión que coloca al ser humano como el centro del universo. Contrastando con la visión **teocéntrica** del **Medioevo**, el A se desarrolló con el **Renacimiento** y el avance de la **ciencia**.

Antropoides: Suborden de los **primates**. Características: progresivo enderezamiento del tronco, aumento de masa encefálica, pelo denso y colorido, prensión, pulgar oponible, etc.

Antropología (siglo XIX →): (De *antropos*, hombre). Disciplina que estudia al **género** humano, su **cultura**, su biología y sus relaciones con la naturaleza. E. **Tylor** planteó que la A estudia "el **conocimiento**, el arte, las creencias, la **moral**, el **derecho**, las **costumbres** y cualesquiera otras capacidades y hábitos adquiridos por el hombre en cuanto miembro de la **sociedad**". Desde el **funcionalismo**, Malinowski planteó que la A es una **teoría** de las **instituciones**, un análisis concreto de las unidades típicas de una organización. Podemos distinguir una **A física**, que estudia las características biológicas y morfológicas de las razas humanas, y la **A cultural**, que analiza los hechos culturales. El nacimiento de la A está ligado a la llamada **situación colonial**: las potencias colonialistas necesitaban información acerca de los **pueblos** colonizados o del "**hombre primitivo**". Así, la relación entre Europa y las culturas colonizadas fue interpretada a través de la **dicotomía primitivo**-civilizado. Los pueblos colonizados eran considerados como sociedades inferiores, incapaces de **razonamiento** lógico, radicalmente distintos al hombre blanco occidental. *Ver cuadro en pag. 126*

Antropología biológica: Ver **Antropología física**.

Antropología cultural: Rama de la **Antropología** que estudia a los **grupos** humanos (**clanes, tribus, bandas**, etc) y sus obras, expresión de su **cultura**. La AC se desarrolló centralmente en **Inglaterra** (por ejemplo, **Radcliffe-Brown**) bajo la denominación de **Antropología social** y puede asimilarse a la denominada **etnología**, propia de Europa continental (aunque ésta tiene un alcance más amplio). En **EE.UU.**, llegó de la mano de F. **Boas** y se la relaciona con la **etnografía**. También forman parte de la AC la **arqueología** y la **lingüística** histórica.

Antropología ecológica: Ver **ecología cultural**.

Antropología económica: Rama de la **Antropología** dedicada al estudio de la **producción, distribución** y **consumo** de **bienes** y **servicios** en las **culturas primitivas**. El análisis de las **economías** primitivas fue iniciado en la década de 1930 por **Malinowski**, Firth y Thurnwald y continuado por Herskovits y **Godelier**.

Antropología estructural (Claude Lévi-Strauss): Rama de la **Antropología** cuya premisa central parte del **estructuralismo** y que afirma que las interrelaciones entre los elementos que constituyen su **objeto** de estudio de esta disciplina son más importantes que los elementos considerados en sí mismos.

Antropología física (siglo XIX): Rama de la **Antropología** que estudia las condiciones y características del **proceso**

de **hominización** y las **razas** humanas. También conocida como **Antropología biológica**, en sus inicios se destacaron los antropometristas, quienes medían las cabezas con el fin de demostrar la supuesta superioridad de la raza blanca y del hombre occidental. Posteriormente surgió una derivación de la AF: la **sociobiología**. En la AF se destacan autores como Buffon, Linneo y Blumenbach.

Antropología interpretativa: Ver **Antropología simbólica**.

Antropología lingüística: Ver **etnolingüística** y **sociolingüística**.

Antropología política: Rama de la **Antropología cultural** orientada al estudio de las formas de organización y ejercicio del **poder** en las **sociedades primitivas**.

Antropología simbólica (Clifford Geertz, 1963): Rama de la **Antropología** que define a la **cultura** como un **sistema** de **símbolos** y **significados** compartidos, públicos, a través de los cuales los miembros de una **sociedad** se comunican entre sí. También conocida como **Antropología interpretativa**, realizó fuertes críticas a la visión **estructural-funcionalista**.

Antropología social: Ver **Antropología cultural**.

Antropometría: Disciplina que estudia las medidas del cuerpo humano.

Antropomorfismo: Concepción o figuración de Dios o de objetos no humanos bajo características y formas humanas.

Antropozoico: Ver **Cuaternario**.

Arcaico (4.600.000.000-2.500.000.000 a.C.): La primera de las **eras geológicas**, a la que le siguió el **Precámbrico**. También llamada **arqueano**, hacia tres mil quinientos millones de años atrás aparecieron los primeros seres vivos.

Arcaico: Vulgarmente, se utiliza al término A como sinónimo de **antiguo**, pero esto es incorrecto, ya que lo antiguo puede convivir con lo moderno, mientras que lo A no, ya que es incompatible. Es A todo lo que procede de las sociedades preestatales y no encuadra en la **sociedad** actual. Por ejemplo, es A hacer una ceremonia para que llueva.

Argot: Tipo de **jerga** o manera de hablar de **grupos** sociales marginales. Tiene por finalidad que quienes no sean sus usuarios no entiendan los mensajes ni obstaculicen así la **comunicación**. Ejemplos de A los constituyen la germanía, el lunfardo en sus orígenes (ligados a la delincuencia) o el *"cockney"* de los estibadores de Londres (Véase **subcultura**).
Arqueano: Ver **arcaico**.

Arqueología (siglo XVIII →): Disciplina que se dedica a realizar excavaciones a partir de las cuales se intentan encontrar **restos fósiles** (Gordon Childe definió esos restos como "fósiles del comportamiento humano", como los resultados materiales que perviven de distintas formas de vida, lo que incluye objetos de arte, monedas, escritos, etc) y documentar la forma en que nuestros antepasados utilizaron el espacio circundante, los recursos, y cómo entablaron relaciones entre ellos y con otros grupos. C. Renfrew y P. Bahn destacan que –junto con ello- es fundamental la interpretación de estos hallazgos.

Arqueología (Michel Foucault): Denominación dada por **Foucault** a la etapa investigativa del **saber**, los **discursos**, la **historia**, la **ciencia**, el **sujeto**, la **verdad**, en un período determinado de la historia. Metodológicamente, utiliza documentos de una época y un lugar, como restos arqueológicos -o estratos superpuestos de **civilización**- que aparecen como monumentos de algún proceso social: ejecuciones, archivos anónimos, historias clínicas, informes, que le van a servir como relatos o **enunciados** a través de los cuales se pueden reconstruir las formas de ver y pensar de una **cultura** en un período histórico determinado, y especialmente en lo que se refiere a un aspecto olvidado por las grandes historias, como es la **vida cotidiana**. El documento aparece como testigo de la memoria o conciencia colectiva de un **pueblo**.

Asimilación: Proceso por el cual **individuos** o **grupos** pertenecientes a una **cultura**, se integran a otra. Según M. **Harris**, la A implica la pérdida de la identidad biológica y/o cultural de un grupo, generalmente minoritario, al entrar en contacto con otra cultura. La A puede ser voluntaria o compulsiva. Las **migraciones** son el caso paradigmático de A.

Australopithecus: **Género** de los primeros **homínidos** o **primates antropoides**, apareció hace unos 4,5 millones de años y vivió hasta hace un millón de años. Se divide en dos ramas: una **gracil** y la otra **robusta**. Características: dentadura poderosa para masticar plantas fibrosas y frutos duros, **bípedos**, dimorfismo sexual (diferencia de altura entre machos y hembras), prognatismo (mandíbula sobresalida respecto del cráneo), arco supraorbital (una especie de visera ósea sobre los ojos), el cráneo era bajo y por lo tanto casi sin frente, caja craneana pequeña, apenas superior al chimpancé y al gorila, con un volumen entre 400 y 500 cm^3.

Australopithecus Afarensis **(3.800.000-3.000.000 a.C.):** Ancestro del ***Australopithecus*** y del ***Homo***. Características: dientes en transición de cortar y moler, cráneo pequeño (500 cm^3), bípedo, con brazos más largos que las piernas, altura de los machos 1,52 m. Un ejemplar hallado de AA ha recibido el nombre de Lucy (3,2 millones de años de antigüedad), descubierto en 1974 en Etiopía por Donald Johanson.

Australopithecus Africanus **(3.000.000-2.300.000 a.C.):** Características: bípedo, aparato masticador transversal, cráneo de 500 cm^3, altura de los machos 1,37 m. Se encontró el primer ejemplar en 1925, en Sudáfrica.

Australopithecus Anamensis (4.200.000-3.900.000 a.C.): Descubierto en 1995 en Kenia, caminaban erguidos. Cráneo de 500 cm³, altura de los machos 1,50 m.

Australopithecus Boisei (2.300.000-1.400.000 a.C.): Sus características son similares a las del *Australopithecus robustus*. Primer ejemplar hallado: Tanzania, 1959.

Australopithecus graciles: Se los llama así porque su constitución física, era ligera, grácil. Tenían algunas características que serían similares a las de los simios y otras que son netamente humanas, como el **bipedismo**. Los AG son el *Ramidus*, el *Anamensis*, el *Afarensis* y el *Africanus*.

Australopithecus Ramidus (4.400.000-4.000.000 a.C.): La **especie** más primitiva de la que se tenga registro. Se desconoce su lugar de origen y si caminaba erguida. Se descubrió en Etiopía en 1994.

Australopithecus Robustus (2.000.000-1.500.000 a.C.): Surgieron en África cuando se produjo un enfriamiento del clima. Se especializaron en el **consumo** de plantas de climas áridos -dieta herbívora- eran bípedos y pertenecían a una rama divergente que se separó de la línea que condujo al hombre. Cráneo de 500 cm³ y altura del macho de 1,32 m.

Ayllu: Término quechua que define al **clan** formado por vínculos sanguíneos que cultiva la **tierra** con un **sistema** de **propiedad colectiva**. Originado entre los aymarás, constituyó la base social del **Imperio Inca**, sobreviviendo hasta la actualidad en **Bolivia**.

B

Banda: Forma de agrupamiento de los **pueblos cazadores-recolectores** del **Paleolítico**. Las B estaban formadas por una pocas **familias** totalizando unos treinta a cincuenta miembros y se caracterizaban por carecer de organizaciones **políticas** específicas.

Banda (Didieu Anzieu): Grupo de **individuos** que se reúnen voluntariamente, por el placer de estar juntos y sentirse identificados entre quienes piensan o sienten como ellos. Las B de niños, adolescentes y delincuentes son las más conocidas. Pertenecer a la B permite al **individuo** salir de las exigencias sociales, abandonarse a ser uno mismo por medio de un grupo que justifica cómo es (por ejemplo, bajo nivel intelectual, insociable, sentimiento de incomprensión de los padres, etc), y recibir seguridad y amor. De allí que sea un **fenómeno** común en personas que carecen de afecto, **individuos** sin **familia**, niños desvalidos, que las forman naturalmente. Para los adultos socialmente adaptados, la B (de amigos o compañeros) autoriza actividades que están en el límite de las reglas morales o sociales (como el juego, la bebida, los escándalos, etcétera), pero éste no es el objetivo principal, sino que viene adosado a la finalidad de estar junto con sus semejantes. Por esto, la B tiene un número menor de personas que la **muchedumbre** (sólo algunas unidades o decenas) y es más duradera. Sin embargo, se disuelven con facilidad (un adolescente madura, se casa y ya no es un semejante) o se construyen episódicamente (por ejemplo, en reuniones). En las B humanas, los miembros tienden a multiplicar los **signos** exteriores de la semejanza en la postura, la vestimenta, el peinado, el **lenguaje** o los **objetos** que usan como adorno. Por ejemplo, los jóvenes "rolingas" quienes -además de compartir el gusto por el rock- frecuentan lugares específicos, usan el mismo corte de pelo (por ejemplo, el flequillo en las mujeres), pantalones, **lenguaje**, etc. Por su parte, el **funcionalismo** tiende a ver a la B como a un grupo con conductas desviadas y disfuncionales producto de la **anomia** social.

Bandolerismo: Bandas dedicadas al **saqueo** o al robo. Los bandoleros eran salteadores de caminos, característicos de **sociedades** agrarias, y realizaban operaciones de pillaje en el marco de catástrofes tales como pérdida de **cosechas**, desastres naturales o **guerras**. El B se desarrolla epidémicamente en momentos de **pobreza** y **crisis** económica.

Bandolerismo social (Eric Hobsbawm): Fenómeno propio de **sociedades** basadas en la **agricultura** y compuestas fundamentalmente por **trabajadores** sin **tierra**, oprimidos y explotados por **señores** o el **Estado**. El ejemplo más significativo de BS es el de Robin Hood, el "Robin de los bosques", que robaba a los ricos para dárselo a los pobres. Los bandidos no son revolucionarios ni rebeldes sociales, sino **individuos** que se niegan a someterse y se ponen a la cabeza de sus compañeros. Son hombres que se ven forzados a quedar fuera de la **ley**. Los bandoleros son los síntomas de la **crisis** y la tensión en su **sociedad**, son síntomas del hambre, de la peste, de la **guerra**. No plantean un **programa** de salida, sino un escape; son **activistas** y no ideólogos. El BS fue importante en muchos países en los siglos XIX y XX, aunque ya prácticamente no existe. En Europa fue habitual en los siglos XVI, XVII y XVIII.

Barbarie: Según el **evolucionismo**, segundo estadio cultural, posterior al **salvajismo** y anterior a la **civilización**. Se divide en inferior (invención de la cerámica), medio (domesticación de las plantas y animales, cultivo de regadío) y superior (utilización de armas e instrumentos de metal).

Basal: Componentes de la **cultura** actual surgidos o descubiertos en las **sociedades** preestatales y que no han sido sustituidos debido a su carácter imprescindible. Por ejemplo, el fuego.

Biodiversidad: Variedad de **especies** que presentan variabilidad genética.

Biologicismo: Ver **sociobiología**.

Biologismo: Ver **sociobiología.**

Biopoder (Michel Foucault): Saber biológico que se vuelca a la constitución de relaciones de **poder políticas.** En su obra *Genealogía del Racismo* (1976), **Foucault** explica el **racismo** a partir del **sistema** de B que se erige en la **Modernidad,** como una **tecnología** de control de cuerpos, poblaciones y sociedades. La jerarquía de las especies en el árbol común de la **evolución,** la lucha por la vida entre las **especies,** la selección que elimina a los más aptos, fueron conceptos apropiados por el **discurso** político para pensar la **colonización,** las **guerras,** la eliminación de los diferentes. El B también ha sido funcional a la creación de un **sujeto** "productivo" y ascético, útil para la **acumulación de capital.** Forman parte del arsenal del B herramientas provenientes del sanitarismo, la demografía, la **estadística,** entre otras disciplinas y técnicas.

Biopolítica (Michel Foucault): Concepción **política** que ve a la **población** como un conjunto de seres vivos con rasgos biológicos y patológicos particulares. La B es un mecanismo de control de las condiciones de vida: las políticas tendientes a bajar la mortalidad infantil, prevenir epidemias, e imponer **normas** y condiciones de vida (en cuanto a alimentación, vivienda, organización de las ciudades, higiene pública, etc.). Ese mecanismo de control también tiene como objetivo delinear y modelar un determinado tipo de cuerpo productivo –ya no individual como en la **anátomo**-política, sino social– funcional a las necesidades del **modo de producción** dominante.

Biosfera: Espacio vital en el que es posible la vida humana, animal y vegetal formado por la superficie terrestre, algunos metros por debajo de ésta, los espacios oceánicos y los primeros cinco kilómetros de la capa inferior de la atmósfera.

Bipedismo: Posición erecta, asentada sobre los dos pies, que permite libertad de movimientos a los brazos y provoca un desarrollo cerebral superior. Se considera que el B fue un elemento central en la formación humana.

Boas, Franz (1858-1942): Antropólogo y lingüista alemán, fundador del **particularismo histórico.** Algunos autores afirman que B fue quien le dio *status* de **ciencia** a la **Antropología.** Sus estudios –desarrollados casi totalmente en EE.UU., donde fundó la **Antropología cultural**– se alejaron de los postulados deterministas y **materialistas,** interesándose por los aspectos más **subjetivos** (psicológicos) de la **sociedad,** relacionados con la adaptación del hombre al medio ambiente. Impulsor de un método caracterizado por el **trabajo de campo** y la **exhaustiva** y detallada recolección de **datos** y del **inductivismo** metodológico, realizó una extensa **etnografía** de las comunidades *kwakiutl* –pueblo de la costa noroeste norteamericana– dejando detalladas descripciones de sus **costumbres,** particularmente del llamado *potlach.* Entre sus discípulos se encuentran M. Mead y Kroeber, entre otros. Entre sus obras principales encontramos a: *La mente del hombre primitivo* (1911) y *Antropología general* (1938).

Bolsones de pobreza: Poblaciones que viven en situación de precariedad material, sanitaria y laboral, en el contexto de una **sociedad** más general cuyo nivel de vida es muy superior.

Bourdieu, Pierre (1930-2002): Sociólogo francés, combinó el análisis económico proveniente del **marxismo** con las cuestiones culturales y simbólicas; su idea es que lo social está determinado por múltiples causas, de modo que -aunque toma del marxismo la idea de la **lucha de clases**- dice que el **poder** económico, para reproducirse, necesita del poder cultural y simbólico. Analizando los mecanismos de la desigualdad social, desarrolló los conceptos de *habitus*, **capital** y **campo**, que constituyen sus aportes más originales a las **Ciencias Sociales.**

Brujería: La **religión** más antigua que se conozca, centrada en la creencia de un ser supremo creador de todo lo existente. La B surgió prácticamente con el hombre mismo, con la intención de explicar los **fenómenos** naturales. El **Cristianismo** convivió mucho tiempo con ella, hasta que en la **Edad Media** se dedicó a perseguirla. Posiblemente de su influencia proviene otra acepción del término, que vincula a la B con un **po**der mágico –**magia** negra, en oposición a la magia blanca de la **hechicería**- que se considera que un **individuo** por naturaleza tiene y que le sirve para hacer el mal. De hecho, en 1486 se publicó un libro –*Males maléficos*, de H. Kraemer y J. Sprenger- a instancias de una **Bula** del **Papa** Inocencio VIII, que fue la base de la persecución de las brujas por la **Inquisición**, especialmente en los siglos XVI y XVII, la época de la **caza de brujas**. Mediante cualquier testimonio –incluso de niños o dementes- cualquier mujer podía ser denunciada como bruja, para ser luego torturada hasta forzar una confesión, luego de la cual la persona era enviada a la hoguera. Los denunciantes eran recompensados por el **Santo Oficio** que –por otra parte- se quedaba con las pertenencias de las acusadas y cobraba los gastos del **juicio** a sus familiares. Todo aquel que intentara una defensa, recibía el mismo tratamiento. La caza de brujas fue una respuesta de los sectores dominantes frente a las distintas formas de **cultura** alternativa y al descontento popular.

Buen salvaje (Jean Jacques Rousseau): El hombre en el **estado de naturaleza**, libre, no obligado a asociarse para subsistir, anterior al surgimiento de la **cultura**. El BS se diferencia de la visión tradicional del salvaje como **primitivo** y cercano al animal. La facultad de elegir, de querer, de desear es lo que diferencia –según **Rousseau**- al hombre de los animales. Esta libertad permite entender la **historia** humana como el desarrollo de la perfectibilidad.

C

Calcolítico: Ver **Edad del Cobre**.

Calpulli: **Clan** formado por **individuos** con ascendencia común, que constituyó la base social del **Imperio Azteca**.

Cambio cultural: Ver **aculturación**.

Cámbrico: Primer período de la era **Paleozoica** caracterizado por el descubrimiento de restos orgánicos invertebrados acuáticos. Son de esta era las piedras caliza, arenisca y cuarcita.

Campo (Pierre Bourdieu): Espacio social donde hay en juego un **capital** determinado (cultural, económico, político, simbólico, etc) por el cual quienes en él participan luchan por apropiárselo. El C conecta la **estructura** con la **superestructura** y lo social con lo individual. En cada C hay una lucha interna de **poder**, una competencia por la **hegemonía** del C. La lucha entre las **clases** es el conjunto de las luchas en cada uno de los C. Alude también a la determinación de un "C de **investigación**" determinado metodológicamente para probar o refutar una **hipótesis**. En definitiva, el C es una estructura **objetiva** de una **sociedad**, cada uno de los espacios estructurados de posiciones ocupados por los **agentes** sociales en lucha, quienes protagonizan relaciones de **dominación** y subordinación. Esta estructura **objetiva** es producto de la **distribución** no equitativa de los **bienes** (capital), lo que da poder a sus poseedores sobre quienes no los tienen. Los C son el lugar de juego y de lucha donde se establecen **relaciones de fuerza**. Opuesto: *habitus*.

Canibalismo: Práctica de la **especie** animal que come a **individuos** de su propia especie, como es el caso de algunos insectos y peces. En el caso del hombre hay que hablar de **antropofagia**.

Capa: Ver *status*.

Capital (Pierre Bourdieu): Conjunto de **bienes** acumulados que se producen, se distribuyen, se consumen, se invierten y se pierden. El C, al estar distribuido en forma no equitativa, determina la posición que cada **individuo** ocupa en cada **campo** (económico, cultural, simbólico o social).

Capital cultural (Pierre Bourdieu): Conjunto de **bienes** culturales acumulados en una **sociedad** que pueden apropiarse aquellos que cuentan con los recursos necesarios. La posesión de mayor o menor CC divide a la **población** en **grupos** jerárquicos y debe ser considerada junto con el **capital** económico para determinar la pertenencia de una persona a una **clase social**, porque es un factor que diferencia a la población y conforma grupos que tienen diferentes accesos a bienes y **servicios**. El CC es aquel que permite una posición privilegiada a quien lo posee. Por ejemplo, poseer un título universitario, el conocimiento de idiomas, de disciplinas científicas, de arte y literatura, etc. Una persona con CC alto estará en condiciones de situarse mejor en el **mercado** de **trabajo**, con un **ingreso** más alto y sabrá desempeñarse mejor (por ejemplo, para exigir atención médica; los museos y las bibliotecas son gratuitos, pero a ellos concurre más la gente que tiene el CC necesario para disfrutarlos). Son los aparatos culturales, es decir, **instituciones** como la **familia**, la escuela y los **medios de comunicación**, los que administran y transmiten el CC. De este modo, **Bourdieu** se diferencia del **marxismo**, que para definir la clase social sólo considera el capital económico.

Capital simbólico (Pierre Bourdieu): Variedad de recursos (lingüísticos, retóricos, culturales) a los que cada persona apela en el devenir de su existencia social y en sus diferentes situaciones de **comunicación**. Se relaciona íntimamente con su lugar en la **estructura social**. El término fue utilizado por **Bourdieu** en la crítica que efectuó al concepto de **competencia lingüística** (ver). Según Bourdieu, los discursos antes de ser entendidos deben ser escuchados. Por lo tanto, es de rigor analizar a qué hablantes se les confiere derecho a la **palabra**: quiénes pueden hablar y quiénes no en determinadas situaciones, en qué esquema de relaciones de **poder** entre los interlocutores se emiten los **enunciados**, etc. El **enunciador** de un **discurso**, por lo tanto, no sólo genera discursos correctos o incorrectos sino que antes, y sobre todo, debe lograr hacerse escuchar. Todo esto dependerá de su CS.

Capital social (Pierre Bourdieu): El CS puede considerarse de acuerdo con los vínculos que tiene una persona, los que le otorgan determinado **prestigio**. A veces alguien puede ser pobre en términos económicos y no poseer un **capital cultural**, y sin embargo esa persona puede tener "contactos" con otras personas importantes que estén en puestos claves y faciliten el acceso a determinado **bienes** y **servicios**. Por eso, **Bourdieu** considera que los vínculos que una persona tiene con su entorno son importantes también para considerar la **clase social** a la que pertenece. Esta es una diferencia importante con el **marxismo**, que considera solamente el capital económico a la hora de definir a las clases sociales.

Capitalismo: Modo de producción basado en la **propiedad privada** de los **medios de producción**, la libre contratación de **trabajo asalariado**, la extracción de **plusvalía**, la obtención de **beneficios** y la **acumulación de capital**. Mientras que para **Marx**, lo central del C es la **producción** de plusvalía -surgida de la **explotación** del trabajo asalariado por parte del capital y no en la esfera del intercambio como sucedía en la sociedad precapitalista-, para **Weber** el elemento más importante del C moderno no es su carácter **clasista** sino la **racionalización** de la empresa productiva. Weber describe la "**ética protestante**" como motor del C. W. Sombart ve al C como un conjunto de **valores** racionales orientados a la obtención de **ganancia** -el "espíritu capitalista"-. Para J. **Schumpeter** el C es un **sistema** racional de **mercado** basado en el **"empresario innovador"**. Históricamente, la formación del C está ligada a la llamada **acumulación originaria**, que implicó la separación del productor de sus medios de producción, el apropiamiento en forma de **monopolio** de esos medios en manos de la **burguesía** y la aparición de una **clase social** que sólo dispone de la venta de su **fuerza de trabajo** a esa burguesía para subsistir: el **proletariado**. Si bien se habla de C para hacer referencia al período de transición en que decae el **feudalismo** (en los siglos XIV y XV pueden rastrearse antecedentes en el norte de **Italia**, Flandes y algunas zonas de la cuenca del Rhin; en el siglo XVI surgió el trabajo **a domicilio**), la forma capitalista de producción propiamente dicha se consolidó a partir de mediados del siglo XVIII con la **Primera Revolución Industrial**, cuando se desarrolló el C de **libre competencia** de raíz **liberal**, centrado en la **ley de la oferta y la demanda**. A partir de la **Segunda Revolución Industrial**, y especialmente desde el siglo XX, predominó el C monopolista, con el surgimiento de los *trusts* y la **concentración del capital**. Desde la **Crisis del 30** y hasta la **Crisis del Petróleo** en la década de 1970, predominó el llamado C **keynesiano**, centrado en la intervención del **Estado** en el **mercado** (**economía mixta**). Desde entonces, se impuso el C **neoliberal**.

Cassirer, Ernst (1874-1945): Filósofo alemán, elaboró una **Antropología** filosófica de base kantiana (**idealismo lógico**), caracterizando al hombre como **animal simbólico** y considerando que su capacidad de simbolizar o conceptualizar lo distingue del resto de los animales. Según C, toda esfera cultural -el **lenguaje**, la **ciencia**, el arte, los **mitos**, la **religión**, etc- forma **sistemas** simbólicos. C sostiene que el **conocimiento** implica una conceptualización de la experiencia. Entre sus obras principales encontramos a: *Concepto de sustancia y concepto de función* (1910), *Filosofía de las formas simbólicas* (1923-1925) y *Antropología filosófica* (1944).

Castas: Sistema de **estratificación social** donde los **grupos** son cerrados y endogámicos, y están separados en forma estricta, siendo imposible cambiar de posición (cada **individuo** pertenece a una C desde su nacimiento, lo que está determinado por relaciones de **linaje** jerárquicas). La C se vincula a factores étnicos y religiosos, establecidos jurídicamente o a través de la **costumbre**, e implica una clara distinción económica, encarnando un modo de vida propio, siendo la principal fuente de referencia de los **individuos**. Las C modernas representan **asociaciones** -y no **comunidades** como las tradicionales-. Pierre Vilar establece la existencia de varios tipos de C: a) de tipo étnico o religioso, como la separación de los judíos en *ghettos*, o **España** entre los siglos XVII-XVII, donde se exigía la "limpieza de sangre" para ser **noble** o ejercer en una **corporación**. Se usa también para hablar de b) los **indígenas** en América Latina, c) ciertos oficios, como verdugos, carniceros, cirujanos, tintoreros, d) categorías físicas o sociales que dan miedo, como leprosos, cretinos o vagabundos y, e) **clases** convertidas en C, como los **campesinos** en Cataluña en el siglo X, cuando fueron obligados a permanecer como **siervos** por nobles y **eclesiásticos**. La persistencia hasta la actualidad de dicho sistema en la India (surgido hacia 1500 a.C. y abolido legalmente en 1947) se puede explicar históricamente como el refuerzo de las diferencias entre las **tribus** que realizaron los arios al invadir el país antiguamente; o por la especial función de ideas mágicas y religiosas que subrayan la no contaminación entre los grupos sociales y constituyen la **doctrina** religiosa y jurídica en la que se sustenta. Pero también hay que agregar la especial fragmentación social y la persistencia de una **economía tradicional**.

Catastrofismo (Georges Cuvier): Teoría de la **evolución** que plantea la creación divina de las **especies**, las cuales se extinguen a causa de distintas catástrofes, para crearse luego otras nuevas. Cuvier limitaba las catástrofes a ciertos sectores de la fauna y la flora; los que sobrevivían, lograban extenderse (teoría del finalismo providencial o de la voluntad divina).

Categoría social (funcionalismo): Conjunto de **individuos** que objetivamente comparten características adscriptas o adquiridas, pero que no llegan a conformar un **grupo**. (Ver **colectividad**).

Caza de brujas (siglo XVI →): Cualquier forma de persecución **política** e ideológica en la cual una **institución** con gran **poder** persigue a personas o grupos que realizan algún cuestionamiento al orden dominante. El término proviene de la **Edad Media**, época en que las brujas -mujeres que tenían algunos conocimientos prácticos acerca de cómo curar enfermedades- tenían cierto poder e independencia. La **Iglesia** consideraba el poder de las brujas como un peligro contra su dominio y por eso la **Inquisición** las persiguió y mató. Por extensión, la CB se aplica a la persecución de toda disidencia frente al poder establecido como sucedió, por ejemplo, con el **macartismo** en **EE.UU.**

Cazadores-recolectores: Dícese de las pequeñas **sociedades** nómades o seminómades del **Paleolítico** que vivían de la caza de animales salvajes y de la recolección de frutos y plantas silvestres. Según C. Renfrew y P. Bahn, eran sociedades igualitarias, con **economías de subsistencia** y sin Estado, que se organizaban en **bandas** con lazos firmes de **parentesco** (patrilineal y exogámico) y tenían creencias vinculadas con el **chamanismo**. La difusión de la **agricultura** y la **ganadería** desde el **Neolítico** ha reducido los casos de sociedades de C-R a pequeños grupos de **aborígenes**.

Cenobita: Voz griega que designa al que vive en **comunidad**. Opuesto: **eremita**.
Cenozoico (65.000.000 a.C. →): Quinta

y última de las **eras geológicas** (posterior al **Mesozoico**) que llega hasta la actualidad. Se divide en **Terciario** y **Cuaternario** y también es conocida como Neozoico. En el C surgieron los mamíferos y el hombre.

Chamán: Persona con poderes religiosos, considerado mediador entre el hombre y los espíritus, los animales o los muertos. Es el equivalente del curandero, el hechicero o el mago.

Chamanismo: Religión basada en los poderes presuntamente sobrenaturales de un **chamán**.

Chauvinismo: Exaltación desmedida por los valores de la propia **Nación**, hasta el punto de menospreciar a otros países y llegar incluso a propiciar actos agresivos o belicosos frente al extranjero. El C fomenta la **xenofobia**. El término proviene del excesivo apego hacia **Napoleón** por parte del soldado Nicolás Chauvin.

Chovinismo: Ver *chauvinismo*.

Civilización: Según el **evolucionismo**, tercer estadio cultural, luego del **salvajismo** y la **barbarie**, caracterizado por la invención de la escritura. El concepto se basa en una visión **etnocéntrica** de **Occidente**, que considera inferior a las **culturas** no occidentales.

Civilización de regadío: Dícese de las **sociedades** preindustriales avanzadas organizadas en torno al regadío artificial y el drenaje de extensas **tierras** y con una fuerte centralización **política**.

Clan: Grupo de **familias** con una ascendencia común o con un **parentesco** real o mítico que le da su nombre, apellido o *tótem* característico.

Clase: Ver **clase social**.

Clase en sí (Karl Marx): Aspecto **objetivo** que identifica a las **clases sociales**. Un **individuo** puede pertenecer objetivamente a una clase, pero no darse cuenta de ello: puede considerarse **obrero** -porque lo es- pero puede no sentirse solidario con los demás **trabajadores** que están en una situación igual o parecida a la suya. A los **individuos** de una CES les falta tomar conciencia y sentirse vinculados a un **grupo** que tiene sus mismos problemas e intereses de clase. Es por ello que no desarrollarán una auténtica **lucha de clases** (aunque sí tendrán **contradicciones de clase**). En el momento en que aparece la **conciencia de clase**, se puede hablar de **clase para sí**, que es el elemento **subjetivo**. Marx planteó que el conjunto de **individuos** con una posición similar frente a los **medios de producción** sólo se convierten en clase cuando toman conciencia de ello y actúan como tal, como clase.

Clase en transición (Karl Marx): **Clase social** en formación dentro de un **modo de producción** en decadencia. Es el caso de la **burguesía** y el **proletariado** en la **sociedad** feudal. En un sentido opuesto, también es una CET la clase social en proceso de desaparición, como es el caso de la **nobleza** o la **servidumbre** en la **transición del feudalismo al capitalismo.**

Clase media: Para los **funcionalistas,** la CM se define por aquel sector social que ocupa el **estrato** medio de **ingresos.** En la visión de **Weber,** las **situaciones de clase** que no se determinan de modo primario por la **propiedad,** forman las CM. Esta clase posee alguna forma de propiedad, pero no es ésta la determinante de su **situación de clase,** la cual está vinculada a servicios, actividades lucrativas o educativas (**empresarios, artesanos, campesinos,** empleados y **trabajadores**). Para el **marxismo,** la CM es la **pequeña burguesía,** que agrupa a aquellos que no forman parte ni del **proletariado** ni de la **burguesía,** pudiendo ir desde ciertos sectores **asalariados** hasta pequeños y medianos propietarios con algunos empleados, lo que muestra la heterogeneidad de esta **clase social.** Ejemplos de CM: docentes, médicos, intelectuales, comerciantes, pequeños y medianos productores rurales.

Clase obrera: En un sentido restringido, la CO agrupa a los **trabajadores manuales de la industria.** En un sentido más amplio, pertenecen a la CO todos los que viven de la venta de su **fuerza de trabajo** a un **capitalista** a cambio de un **salario.** Aunque el término es ambiguo y puede aplicarse a diversas formas laborales, al menos a partir del siglo XVIII

(**campesinos** expropiados de sus tierras y **artesanos** en quiebra fueron la base social que constituyó a la CO) Edward Thompson sostiene que la CO -como conjunto organizado, con una mínima **conciencia** de sus intereses y un mínimo de organización- surgió en **Inglaterra,** entre 1790 y 1830. El **marxismo** considera que la CO es la **clase social** explotada que debe encabezar la **revolución socialista.**

Clase para sí (Karl Marx): Aspecto **subjetivo** que identifica a las **clases sociales.** Conciencia de su situación por parte de los **individuos** que pertenecen objetivamente a una **clase social** y que los lleva –en consecuencia- a actuar en conjunto. Esta conciencia se adquiere a través de la lucha con otra clase; de este modo, una **clase en sí** se unifica, adquiere organización **política** y se vuelve consciente de sus intereses comunes, pasando a ser una CPS.

Clases sociales: Según el **marxismo,** la existencia de las CS está ligada a determinadas fases históricas del desarrollo de la **producción.** Así, se llama CS a cada uno de los grupos definidos por su posición en un **modo de producción.** En este sentido, pertenecen a una misma CS los **individuos** que tienen una similar relación con la **propiedad** –o no propiedad- de los **medios de producción.** En el **capitalismo,** si bien existen otras CS, los **obreros** no propietarios –el **proletariado-** y los capitalistas propietarios –la **burguesía-** son las clases fundamentales, lo que lleva a la **explotación** de los primeros por los segundos. El marxismo ve en la **lucha de clases** el motor de los cambios históricos (ver también **clase en sí** y **clase para sí**). Para **Weber**, la CS se define por el **ingreso** (clase alta, media o baja) o la situación económica de un **individuo** en el **mercado** (**situación de mercado**), es decir, por sus posesiones, **cultura**, hábitos de **consumo** y todo aquello que denote qué tipo de oportunidades tiene cada individuo. Así, en el capitalismo, Weber ve cuatro CS: **proletariado, pequeña burguesía,** *intelligentzia* y **trabajadores** no manuales (administrativos y gerentes), y propietarios. Sin embargo, además de lo estrictamente económico Weber da gran importancia a: 1- la gran diversidad de situaciones de clase, 2- la **educación** como factor que determina la **situación de clase** y 3- la **movilidad social**. En este sentido, a diferencia de Marx, Weber iguala en importancia a las CS con otras dos categorías sociales: el *status* (honor o **prestigio**) y el **poder** (político). Sin embargo, **Giddens** plantea que en Weber la CS se orienta en el campo de la **producción** (¿cuánto consume?) y es el **grupo de** *status* el que lo hace en el campo del consumo (¿qué y cómo consume?). Así, las CS son agregados de **individuos** que comparten la misma situación de mercado. También a diferencia de Marx, Weber consigna sin priorizar múltiples CS: trabajadores manuales (no propietarios), trabajadores manuales calificados, **pequeña burguesía** (pequeños propietarios), trabajadores no manuales, no propietarios de **cuello blanco** (técnicos, empleados públicos, empleados de comercio, etc, con niveles educativos altos), privilegiados gracias a la propiedad y la educación, etc. De todas formas, Weber admite que la situación de clase tiende a unificar a las personas en dos clases. A diferencia de los **estamentos** o las **castas**, las CS son grupos de hecho (no existen por tener un reconocimiento legal o por la costumbre), son relativamente abiertos (es decir que no está prohibida formalmente la entrada o salida de cada clase), son menos endógamas y se sustentan principalmente en una base económica. Las CS consideradas en sentido moderno, surgieron en las **sociedades** industriales que se desarrollaron desde el siglo XVII. El **funcionalismo** diluye el concepto de CS privilegiando el de "estratos sociales" y priorizando el **equilibrio social** al **conflicto**. Eric O. Wright incorporó el concepto de "control", para hacer una mayor diferenciación entre las CS: a) control sobre las **inversiones** y el **capital**; b) control sobre los medios físicos de producción; c) control sobre la **fuerza de trabajo**. Reconoció también situaciones de contradicción al interior de cada clase. Frank Parkin aportó el concepto de "cierre social" al que definió como la situación en que una minoría detenta poder y control sobre otros grupos. Dos conceptos más podemos agregar en relación con la CS: **"exclusión"** -estrategias de los grupos para separar a los "extraños", impidiéndoles el acceso a los recursos valiosos- y **"usurpación"** -intento de los grupos menos privilegiados para adquirir recursos monopolizados por otros-.

Clivaje: Sectores específicos de una **sociedad** que no están directamente vinculados con la división en **clases sociales**. Son ejemplos de C las **razas**, las religiones, las **etnias** o las **lenguas**.

Cobre: Ver **Edad del cobre**.

Cofradía: Gremio o asociación de **trabajadores** de un mismo oficio que se encomiendan a la protección de un santo o una virgen. También se utiliza en general para describir a un grupo relativamente cerrado y con sus propios códigos.

Colectividad (funcionalismo): Conjunto de **individuos** agrupados de acuerdo con su **adscripción** (por ejemplo, religiosa o étnica) o **adquisición** a una determinada **categoría social** (por ejemplo, una cierta **función** o un cierto tipo de **trabajo**).

Colectivismo: Doctrina que postula la **propiedad colectiva** de los **medios de producción**, subordinando el interés individual al progreso común. En este sentido, varios autores consideran propios del C regímenes y **teorías** diversos, como el llamado **comunismo primitivo**, el **Imperio Incaico**, variantes del **anarquismo**, el **socialismo** y el **comunismo** modernos. Otros autores incluyen en el C a **movimientos** tan diversos como el **corporativismo** y el **cooperativismo**.

Colonia: Forma de **dominación** que se expresa en la ocupación militar de un **territorio** por una minoría extranjera, que somete por medio de la violencia a la **sociedad** nativa e impone un aparato militar, político y administrativo. Implica también la dominación económica, lo que incluye **saqueos**, uso compulsivo de la **mano de obra** nativa, acaparamiento de **tierras** y **monopolio** comercial sobre la **producción** por parte de los colonizadores (ver **colonización** y **colonización española**). No obstante, también se utiliza el término C para referir a un proceso de colonización no forzoso, por ejemplo cuando un grupo de **inmigrantes** se asienta voluntariamente en un **territorio** vacío o semivacío. Finalmente, se llama C a una comarca rural donde hay **parcelas** que se destinan a la **producción agrícola** y cuyos habitantes se alojan en asentamientos dispersos (ver **colono**).

Colonialismo (siglo XVI →): Sometimiento económico, político, militar y cultural de un **Estado** o **pueblo** sobre un pueblo o **territorio**. Con antecedentes numerosos en la **Antigüedad** (**fenicios**, griegos, romanos, turcos, etc), el C se ha extendido a la época moderna, con el **Descubrimiento de América** primero –época de la expansión del **mercantilismo**– y la **Revolución Industrial** después –que implicó la consolidación del **capitalismo**–. La ocupación militar del territorio, la matanza y **explotación** de la **población** originaria, la **expoliación** de las riquezas naturales y el mantenimiento de diversas formas de **dependencia** han caracterizado históricamente al C. Con la finalización de la **Segunda Guerra Mundial**, se inició el **proceso** de **descolonización**. Suele distinguirse al C del

imperialismo: mientras el primer concepto hace referencia a la posesión física de **colonias**, el segundo se orienta hacia la dominación económica de diversos países del mundo formalmente independientes (ver también **colonia**).

Colonización española (América Latina, 12-10-1492 / 9-12-1824): Proceso de sometimiento de la mayor parte del continente americano por parte de la Corona española, iniciado con el **Descubrimiento de América**. Cuando a fines del siglo XV **España** y **Portugal** formaron sus **imperios coloniales** en la **periferia**, la **economía** europea se convirtió en economía mundial de la mano de los metales americanos, la pimienta de Oriente y los **esclavos** de **África**. Con el fin de aliviar conflictos sociales, estas fuertes **monarquías absolutas** prometieron **tierras** de ultramar a la **nobleza** de **hidalgos** empobrecidos. Las ambiciones de todos ellos llevaron al desarrollo de la navegación, la astronomía y la cartografía. La posición geográfica de la península ibérica fue también clave. Así, en 1488 Bartolomé Díaz llegó al sur de África (Cabo de Buena Esperanza), en 1492 **Colón** recaló en **América**, en 1498 Vasco de Gama lo hizo en Calcuta y en 1520 Magallanes completó el primer viaje de circunnavegación. El imperio portugués unió una extensa línea de lugares costeros, como puertos, **factorías** y depósitos, con el fin de controlar el tráfico marítimo. En cambio, España privilegió la conquista de **territorios** y poblaciones. Ambos imperios compartían la idea de que la riqueza no se creaba sino que se acumulaba. Dada esta concepción estática de la riqueza, el **monopolio** pasó a ser la mejor garantía de **acumulación** (ver **mercantilismo**). La CE implicó la ocupación militar de los territorios **aborígenes**, la matanza o **explotación servil** o esclava de éstos (bajo tres formas: **encomienda**, **mita** y **yanaconazgo**), la imposición de una **cultura** y una **religión** ajenas y la transferencia de inmensas riquezas desde América hacia **Europa**. Como consecuencia de las matanzas, las condiciones inhumanas de **explotación** laboral y la propagación de enfermedades provenientes de Europa –para las que los **indígenas** no tenían defensas–, la **población** nativa del continente descendió de entre cuarenta y ochenta millones de habitantes a diez millones (incluyendo los dominios de Portugal), con una cifra similar de europeos y **mestizos** al final del proceso. La CE fue impulsada por el predominio del mercantilismo y la lucha de **España** contra las potencias competidoras de la época –Portugal, **Inglaterra** y Holanda–. En este contexto, la **burguesía comercial** y la **Iglesia Católica** desembarcaron conjuntamente en el "nuevo continente", obteniendo metales preciosos, **materias primas** y alimentos, y encontrando un enorme nuevo **mercado** para la colocación de las crecientes **manufacturas** elaboradas en Europa. Si bien la CE fue controlada por **España**, el atraso relativo tanto de ésta como de Portugal abrieron las puertas para que potencias económicamente más avanzadas se llevaran el grueso de los **beneficios**, como fue el caso de **Inglaterra** y

Holanda. Las discusiones acerca de qué **modo de producción** imperó en la CE no se han cerrado. Están los que plantean un predominio del **feudalismo**, los que sostienen la formación de un incipiente **capitalismo** y quienes hablan de formas mixtas, que incluyen elementos feudales, capitalistas, esclavistas, artesanales, entre otros. La CE se derrumbó con el triunfo de la **Revolución Francesa** y el avance del capitalismo en **Inglaterra**, desembocando en los procesos de independencia de las naciones latinoamericanas a principios del siglo XIX.

Colono: Habitante de una **colonia** o **territorio** destinado al cultivo de la **tierra**. El C puede ser un **campesino** libre o estar adscripto a la tierra en forma forzosa o hereditariamente (aproximándose a la condición del **siervo**). Ambas formas se dieron en diferentes épocas en **Roma** antigua y la **Edad Media**. También se le llama C al **individuo** que emigra a tierras lejanas dominadas por su país de origen, tierras adonde traslada sus costumbres, su **cultura** y su **lengua**.

Competencia social (funcionalismo): Disputa entre los **individuos** a fin de satisfacer sus necesidades a costa de los demás, en el marco de una **sociedad** con recursos escasos. **Malinowski** explica este concepto de CS en relación con el papel que juegan las luchas sociales en el **sistema** integral de la **cultura**. **Parsons (estructuralismo funcionalista)** dice que las **funciones** o lazos entre las distintas categorías tienden al desarrollo y armonía de la sociedad.

Comunidad: Grupo con intereses en común y en pequeña escala. F. **Tönnies** la define como una forma primaria de amistad natural que precede a la **sociedad**. La C es una forma típica de los pequeños poblados **campesinos**, basada en la **propiedad** comunitaria de los recursos. Se basa en vínculos familiares de sangre, instinto, **costumbre** y **rito**; además la memoria colectiva funda una solidaridad profunda. La sociedad, en cambio, surge de una voluntad racional arbitraria basada en objetivos concretos e intereses parciales. En **Sociología comprensiva** (particularmente en **Weber**), la C es una **relación social** donde la **acción social** de los **individuos** se inspira en el sentimiento **subjetivo** (afectivo o tradicional) de integrar un todo. La **Nación** es el ejemplo más fuerte de C política, ya que se basa en lo emotivo y permanente: un destino político en común, el afianzamiento de lazos apoyados en el pasado, pesando más incluso que el hecho de compartir una **cultura**, una **lengua** o un origen. El pasado común caracteriza la conciencia de la **nacionalidad**. Opuesto: sociedad y **asociación**.

Comunismo (Karl Marx, 1848 →): Con antecedentes en Antístenes y Diógenes, en G. Babeuf y en el **socialismo utópico**, el C es la **doctrina** del **marxismo** y la **sociedad** a la que éste aspira, basada en la inexistencia de la **propiedad privada** de los **medios de producción** y –en consecuencia- de las **clases sociales** y del **Estado**. Según el *Manifiesto Comunista*, el C busca abolir la propiedad privada que sirve para explotar el **trabajo** ajeno (la propiedad **burguesa**) y no la propiedad bien adquirida, fruto del trabajo y el esfuerzo personal. El medio para alcanzar tales fines es la toma del **poder** por parte de la **clase obrera**, la instauración de la **dictadura del proletariado** y la paulatina disolución del Estado como instrumento de dominación de clase. El término C también es utilizado por **Marx** para definir a la segunda y última fase de la transformación revolucionaria, que sucede al **socialismo**. El C se caracteriza, en este sentido, por la desaparición de la **división del trabajo** entre **trabajo manual** y **trabajo intelectual**, el crecimiento continuo de las **fuerzas productivas**, la desaparición de las clases sociales, el **derecho** y el Estado, y un criterio de distribución basado en el principio "**De cada cual según su capacidad, a cada cual según su necesidad**", superador del criterio distributivo de la fase socialista, centrada en el principio "**De cada cual según su capacidad, a cada cual según su trabajo.**" Estos conceptos son propuestos por Marx a modo indicativo, pero en ningún momento plantea plazos para el cumplimiento de esos objetivos, lo que dependerá del desarrollo histórico de la sociedad.

Comunismo primitivo (Karl Marx): También llamada "sociedad tribal", el CP se caracteriza por una muy baja **división del trabajo**, escaso desarrollo tecnológico y la **propiedad** común de **tierras** y herramientas de **trabajo**. Se trata de una **sociedad** con un nivel de subsistencia donde no existe la **propiedad privada** -y por ende el **excedente**-, lo que impide la formación de una **clase** propietaria explotadora y, en general, la existencia de **clases sociales**. Esto, por consiguiente, bloquea las posibilidades de constitución de un **Estado**, dada la igualdad social existente. Las sociedades del CP -que abarcarían el período que va desde la aparición de la **sociedad** humana hasta el 4.000 a.C., algo así como doscientos mil años- eran **cazadoras-recolectoras**, aunque también debemos incluir a las iniciales sociedades excedentarias agrícolo-pastoriles. El avance tecnológico fue prefigurando el surgimiento de excedentes, y con ello, la aparición de la propiedad privada, las clases sociales y el Estado.

Conciencia colectiva (Émile Durkheim): Realidad diferente y superior a los **individuos** considerados aisladamente formada -según **Durkheim**- por "el conjunto de creencias y de sentimientos comunes al término medio de los miembros de una **sociedad**." La sociedad es un ser psíquico superior, como una conciencia de conciencias. De la CC emana la autoridad **moral** que la sociedad ejerce sobre los individuos y opera de un modo más fuerte en la **sociedad tradicional (solidaridad mecánica)** que en la **sociedad moderna (solidaridad orgánica)**. La CC no es un reflejo de la suma de los individuos, sino una síntesis sui generis de las conciencias particulares, una unidad psíquica autónoma que piensa, siente y obra diferente que los individuos. La vida social está en el todo y no en las partes. Los **fenómenos sociales** no dependen de los miembros aislados sino de su forma de asociación específica en un conjunto.

Conciencia de clase (marxismo): Comprensión, por parte de una **clase social,** del lugar que ocupa en la **producción** y del papel que tiene que jugar en los acontecimientos políticos e históricos. Existe CC cuando los **individuos** se definen a sí mismos como miembros de una clase social y actúan en los hechos como parte de ella, defendiendo sus intereses. La CC significa que los **individuos** están formando parte de una **clase para sí,** de una clase con conciencia **política.** El término refiere especialmente a la **clase obrera** y –por defecto- al **campesinado** y otras clases. En este sentido, **Marx** considera que una clase obrera determinada tendrá mayor o menor grado de CC según se aproxime más o menos a la formación de un **partido obrero** propio que luche por la toma del **poder,** el derrocamiento del **capitalismo** y la instauración de la **dictadura del proletariado** (tendrá en ese caso una conciencia **socialista). Lenin** describió situaciones intermedias entre la plena conciencia y su ausencia (la **clase en sí**), tales como la conciencia sindical o la conciencia reformista.

Conciencia en sí: Ver **clase en sí.**

Conciencia falsa: Ver **falsa conciencia.**

Conciencia para sí: Ver **clase para sí.**

Conducta desviada (funcionalismo): El término se aplica a todo comportamiento que se aparta del marco prescripto por las **normas** y **valores** vigentes en una **sociedad.** (Ver también **disfunción** y **anomia**).

Conformidad (Robert Merton): Categoría propuesta por este sociólogo **funcionalista** que se entiende como el máximo de aceptación de medios y metas positivas en una **sociedad.**

Conformidad (Salomón Asch): Proceso de influencia por el que un **individuo** se adecua a las **normas** de un **grupo.** Tanto Asch como Muzafer Sherif realizaron experimentos que les permitieron comprobar la influencia del grupo en el **individuo,** lo que comprobaron cuando muchos de los sujetos observados afirmaban como verdaderos hechos falsos, sólo porque sus **grupos de pertenencia** también lo afirmaban.

Consanguinidad: Relación de filiación entre personas, contrapuesta al vínculo matrimonial.

Consuetudinario: Aquello que está referido a las **costumbres** de un **pueblo.**

Contractualismo: **Teoría política** moderna, cuya aparición está relacionada con la crisis del **Medioevo** y la **transición del feudalismo al capitalismo,** que planteó la necesidad de fundar el **poder** político sobre nuevas bases no divinas ni **sagradas** y de explicar la aparición de las **sociedades** nacionales. Desde el *iusnatu-*

ralismo, los **contractualistas** realzaron el papel del **individuo**. Según el C, los individuos viven en un **estado de naturaleza** al que –por motivos diversos según el autor– abandonan –a través de un **contrato social**- para ponerse voluntaria y racionalmente bajo el **poder de un soberano**, constituyendo la **sociedad civil**. Tanto para **Hobbes**, como para **Locke** y **Rousseau**, los individuos enajenan una parte de sus derechos naturales para cederlos al soberano a cambio de la protección de otros derechos que mantienen en su poder (y que varían también según el autor de que se trate).

Contracultura: Cultura subordinada que en una **sociedad** dada se opone a la cultura dominante. Ver también **subcultura**.

Contrato social (contractualismo): Pacto voluntario y racional entre los **individuos** en **estado de naturaleza** por el que renuncian a ciertos derechos, con el fin de crear un **Estado** que establezca derechos y **obligaciones** iguales para todos. En **Hobbes**, el CS cede los derechos de todos a la voluntad de uno –que no forma parte del pacto-, mientras que en **Locke** prima la **voluntad de la mayoría** – aquí el soberano sí forma parte del pacto- y en **Rousseau**, la **voluntad general**. En este sentido, algunos autores distinguen entre un **pacto de asociación** y un **pacto de sujeción**.

Control social: Conjunto de métodos empleados por una **sociedad** para poner en línea a sus miembros más rebeldes y mantener el orden social vigente. Con influencias del **darwinismo social** y el **funcionalismo**, el objetivo del CS es impedir o neutralizar la tendencia a desviarse de las **normas**, eliminar o neutralizar a los "indeseables" y "estimular a los demás" a comportarse adecuadamente. El principal medio de CS es la violencia física (CS negativo). Pero también son fundamentales los mecanismos **ideológicos** de CS, la **educación** en primer lugar (CS positivo). Existen controles formales (leyes escritas, reglamentos, mandamientos, etc) y controles informales (**costumbres, ritos**, etc). El CS es un ejemplo del **"poder disciplinario"** del que hablara **Foucault**.

Cooperación simple (Karl Marx): Primer estadio de la **producción capitalista** o etapa de la **manufactura** más simple, es decir, de la producción manual que sólo se distinguía de la **artesanía** en el mayor número de **obreros** que utilizaba en forma simultánea un capitalista. En la CS cada trabajador realiza su **trabajo** en forma independiente de los demás, cumpliendo con todos los pasos hasta llegar al **producto** final, aunque están reunidos en un mismo lugar. Se trata, de este modo, de la fase inicial de la manufactura, cuando ésta aún no se había impuesto sobre el artesanado. La CS implica la reunión en un mismo lugar de trabajo de un **grupo** grande de obreros (muchos de ellos ex **artesanos**) para realizar tareas semejantes, coordinadas en base a un plan predeterminado. En la CS, el **capital** ya actúa en gran escala pero la **división del trabajo** y la maquinaria están poco desarrolladas. Proveniente de los sectores más prósperos

de los finales del **feudalismo** (**mercaderes**, banqueros, navegantes, **señores**
conquistadores de **tierras**) este sector
capitalista incipiente proveyó la organización y se apropió de los **beneficios**
productivos emergentes del hecho de
que todos trabajaban en un único lugar,
en vez de estar dispersos. Un ejemplo
de CS es la reunión de varios telares en
un solo taller, sin dividir el trabajo entre
ellos, produciendo todos el mismo tipo
de **mercancía**. El oficio y la destreza del
obrero era la base de este **proceso de
trabajo**. A esta etapa le sucedió la fase
de la manufactura avanzada, cuando el
trabajo se parcela y especializa.

Costumbre: Forma de actuar uniforme
y sin interrupciones, que por un largo
período de tiempo adoptan los miembros de una **comunidad** por el uso y la
repetición de los mismos actos y que
poco a poco va adquiriendo cierto carácter de obligatoriedad al convertirse
en exigencia colectiva. Formada por
usos, principios **morales**, **ritos** y convenciones, la C es uno de los conceptos básicos de la **sociedad tradicional**
y de la **dominación tradicional** (Max
Weber). Desde el punto de vista de E.
Durkheim, las C pueden llegar a convertirse en **normas** y tienen un gran
peso en la **solidaridad mecánica**.

Creacionismo (mediados del siglo
XVIII): **Doctrina** que sostiene que las
especies fueron creadas en forma independiente por algún Dios. El C sostiene
que los seres vivos fueron creados por
Dios y que no sufren modificaciones, ya

que las especies son fijas e inmutables.
Sus principales exponentes son Carl
von Linneo y Georges **Cuvier**.

Cretáceo: Ver **Cretácico**.

Cretácico: Período geológico del **Mesozoico** también llamado **Cretáceo**. Llamado así por la abundancia de la roca creta, precedió al **Cenozoico**. Junto con la
creta, existían en abundancia la arcilla,
la caliza y la arenisca.

Cronolecto: Ver **dialecto**.

Cuaternario (2.000.000 a.C. →): También llamada **Era Cuaternaria** o **Cuar-
tario**, es la última de las grandes **eras
geológicas** y última etapa del **Cenozoico**, sucediendo al período **Terciario**. En
el C surgieron nuevos animales (neozoico) y apareció el hombre (**antropozoico**). Abarca los períodos **Pleistoceno**
(período de **glaciación**) y **Holoceno** (el
período actual).

Cuestión social: Término que hace referencia a las condiciones de vida de las
clases trabajadoras y populares. La llamada CS comenzó a plantearse al calor
de las consecuencias sociales de la **in-
dustrialización** (hacinamiento, **trabajo**
de mujeres y niños, miseria, invalidez,
falta o deficiencia de asistencia sanitaria
y educativa, etc). Frente a ella se fueron
dando diversas respuestas: formas de
caridad social en la **Doctrina Social de la
Iglesia**, la organización **política** del **proletariado** en el **marxismo** o la sanción de
leyes sociales fueron algunas de ellas.

Cultura: Proviene del vocablo latino *cultus*, "cultivo". Para los primitivos romanos, la C era el hacer fundamental del hombre para garantizar su supervivencia. En el **Iluminismo** (siglos XVII y XVIII) la C era entendida como acumulación del saber y como racionalidad, siendo ésta el único camino posible del desarrollo humano. En el **Romanticismo** (fines del siglo XVIII y primer tercio del siglo XIX) se comenzaron a valorar ciertas prácticas populares. En ese tiempo se acuñó el nombre de **folklore** para denominarlas. E. **Durkheim** y B. **Malinowski** la definen como un todo integral dentro del cual pueden estudiarse las **funciones** de las diversas partes (**instituciones**), siendo la C el ambiente artificial con el que el hombre trata de satisfacer sus necesidades naturales. Comprende "toda la herencia de artefactos, **mercancías**, procesos técnicos, ideas, hábitos y **valores**", **grupos** organizados y el simbolismo de una **estructura social**. Suelen distinguirse dos lecturas en relación con este concepto: así, para la **Antropología cultural** norteamericana, la C es la totalidad a estudiar, mientras que para la **Antropología social** inglesa la totalidad es la estructura social, marco en el que la C se desenvuelve. En **Lévi-Strauss**, la C es un conjunto de **sistemas** simbólicos, entre ellos la **lengua**, las relaciones de **parentesco** y las económicas, la **ciencia**, el arte y la **religión**. Desde una visión **evolucionista**, E. **Tylor** la define como una "totalidad compleja" que abarca el arte, el **conocimiento**, la **moral**, las **costumbres**, etc, adquiridas por los hombres que viven en **sociedad**

y que explica la evolución desde lo simple a lo complejo. En el siglo XX, la **Antropología** elaboró una noción de C que, en sentido amplio, incluye: la organización social y las pautas que la rigen, la organización de la **producción**, sus instrumentos y las relaciones sociales que la hacen posible; las formas simbólicas, ideológicas, artísticas; la **estructura** de la familia, las de los **grupos** y sus **gobiernos**, las **normas** y **valores** que la cohesionan, etc. Se trata de un patrimonio común que se recibe y se transmite por aprendizaje directo o por **comunicación** simbólica, conservando en general su propia capacidad de reproducción. En la actualidad hay corrientes que consideran a la interacción humana como fundamento de la C y a ésta como una relación comunicativa. Por otra parte, desde una perspectiva ligada con el **marxismo** y fuertemente influida por el pensador italiano Antonio **Gramsci**, pensadores como Raymond Williams y Stuart Hall analizaron prácticas e instituciones culturales en relación con el cambio social y los procesos de la **hegemonía** política: **religión**, deportes, trabajos, modas, **subculturas** juveniles, etc. Comparten una concepción **materialista** de la C en la que ésta es vista en su relación con los procesos de regulación y cambio social. Según Néstor García Canclini, la C es un **proceso** de producción de **fenómenos** que son elaboraciones simbólicas o representaciones de la **base económica** (o estructura material) y que ayudan a comprender, reproducir o transformar el **sistema** social. A través del hábito, los **sujetos** interiorizan el sistema simbólico de la C. Por otra parte, hasta la segunda mitad del siglo XX, se agrupaba dentro de la categoría de C a todo aquello que no era naturaleza. Otros autores –como Valentine– critican la visión de "una **sociedad** igual a una C" y plantean la problemática de las subculturas.

Cultura de masas (Siglo XX →): Este concepto se origina en los años ´40 con las primeras **teorías** sobre **comunicación**. El acceso a determinadas formas de **cultura** por parte de una gran cantidad de **población** se incrementa a partir de la difusión en los **medios de comunicación masivos**. A diferencia de épocas anteriores, los medios apuntan a una **audiencia** que no requiere estar presente en el mismo momento y en el mismo lugar que los protagonistas del evento cultural. Así, los medios generan verdaderas comunidades virtuales. Asimismo producen un nuevo tipo de **socialización**: los consumidores empiezan a compartir creencias, hábitos, valores, **ideologías**, etc. A menudo se ha visto a la CM como una **cultura** irremediablemente comercial, manipuladora y esquemática; y a sus consumidores como **sujetos** pasivos y desprovistos de toda capacidad de discernimiento. En este sentido, los críticos de la CM suelen oponerla a culturas **folklóricas** o de comunidades orgánicas avasalladas por el avance del **capitalismo** o, con mayor frecuencia, a la **cultura letrada**. Entre otras críticas centradas en los aspectos estéticos e ideológicos de la CM, deben incluirse a las de la **Escuela de Frankfurt** (ver). En múltiples ocasiones, existen encendidos debates sobre si la CM debe o no ser incluida en la llamada **cultura popular**.

Cultura *folk*: Desde la óptica de la **Sociología de la modernización**, la CF es la **cultura popular**, expresada en el amor al terruño, factor que obstaculizaría la **movilidad social** y alimentaría un tradicionalismo frenador del progreso. La CF se manifiesta de diversas maneras: en el hablar, en el uso de los tiempos, en las comidas, en las leyendas, en las artesanías, en la **religión**, etc. Autores como N. García Canclini han objetado este concepto, considerando que se trata de una visión eurocentrista y **positivista** o –en el otro extremo– de un recurso **populista** para endiosar a la **tradición**. Canclini tampoco coincide con los que identifican a la CF con el efecto pasivo que la **industria cultural capitalista** dominante produce sobre los **pueblos**.

Cultura letrada: En las sociedades **capitalistas** contemporáneas, existen pronunciadas diferencias entre las diferentes **clases sociales** y en sus modos de acceder al conocimiento de la **lengua**, la literatura y los bienes culturales escritos en general. Una **sociedad** estratificada en clases genera sectores dominantes y subalternos, y entre ellos se generan no sólo brechas entre sus diferentes "culturas de clase" sino relaciones de dominio, competencia y enfrentamientos. Uno de los ejes recurrentes en esos conflictos culturales es la relevancia y la **legitimidad** de lo escrito en contraposición, sobre todo, a los productos y fenómenos de la **cultura de masas**. Así, desde los sectores más ligados a una concepción tradicional o "aristocrática" de la cultura, tenderán a descalificar los productos y fenómenos culturales que emergen de grupos sociales subordinados con un acceso menos privilegiado a la CL. A la inversa, desde los **medios masivos** tenderá a descalificarse la CL por anacrónica y reaccionaria, y reivindicarán para sí la autenticidad de lo "popular". Ver también **cultura popular**.

Cultura popular: Habitualmente se piensa a la CP como la que es originada por el **"pueblo"**, equiparándola en ocasiones a la **cultura *folk*** de ciertas comunidades previas al desarrollo del **capitalismo**. Una crítica posible a este tipo de pensamiento es que "romantiza" el concepto de "pueblo" y evade la problemática cuestión de las diferencias entre **las clases sociales**. Mucha CP así entendida no proviene de la **clase trabajadora** sino de poderosas **empresas** ligadas a los **medios de comunicación de masas**, más interesadas en la manipulación y el control ideológico de sus destinatarios que en su verdadera expresión popular. Una definición importante de CP es la que surge de los escritos teóricos-políticos del pensador italiano **marxista** Antonio **Gramsci**. Éste utiliza el término **hegemonía** para referirse al modo en que los grupos sociales dominantes generan el **consenso** de los grupos subordinados a través de un proceso de **liderazgo** intelectual y moral. En la perspectiva de Gramsci, sin embargo, la CP no es necesariamente la cultura impuesta desde los sectores dominantes, pero tampoco una opositora que surja espontánea y libremente del "pueblo". Es, más bien, un fenómeno de intercambios múltiples entre ambas culturas y se caracteriza, en consecuencia, tanto por la incorporación como por la resistencia.

Cultura precolombina: Dícese de la **cultura** en América antes de la **colonización española** y portuguesa. Las CP más importantes fueron las de los **mayas**, **aztecas** e **incas**.

D

Darwin, Charles Robert (1809-1882): Científico naturalista inglés, pilar del **evolucionismo**. Su gran aporte no consistió en la idea misma de **evolución** -ya presente desde los tiempos de **Lamarck**- sino en definir el mecanismo que guía a ésta: la **selección natural**. Su **teoría** constituyó un duro golpe para las explicaciones **creacionistas** y teológicas al afirmar que unas especies se derivan de otras y destacar la importancia de lo heredado en la conducta. Sostuvo que las diferencias entre los **individuos** de una misma **especie** explican su evolución. Afirmó también que las diferencias entre el hombre y los animales son sólo de grado. Convivió en nuestro país con indígenas de la Patagonia y Tierra del Fuego, recogiendo información para avalar sus teorías. Entre sus obras principales encontramos a: *El origen de las especies por medio de la selección natural* (1859). (Ver **darwinismo**).

Darwinismo (1858 →): **Teoría** o conjunto de **hipótesis** que defiende C. **Darwin** en sus obras. Mayr señala cinco teorías fundamentales de la versión actual del D: 1) la **evolución** (las especies no son fijas, sino que evolucionan), 2) la ascendencia común (cada grupo de organismos desciende de una **especie** ancestral), 3) el gradualismo (la transformación de las especies procede siempre gradualmente y nunca a saltos), 4) la especiación como **fenómeno** que se produce en el seno de la **población**; de modo que las especies surgen por diversificación y aislamiento reproductivo (imposibilidad de acoplamiento fértil entre organismos, ver **especiación**), y 5) la **selección natural** vinculada con la lucha por la existencia y la supervivencia del más apto (en toda generación de organismos hay diferencias individuales en diversos rasgos y aspectos fisiológicos). No todos los individuos llegan a la edad reproductiva. Aquellos que presenten caracteres ventajosos, vivirán más tiempo y dejarán mayor descendencia. Esos rasgos, entonces, habrán sido seleccionados y habrán modificado por selección natural a la especie (ver **darwinismo social**).

Darwinismo social (**Herbert Spencer, fines del siglo XIX →**): **Teoría** que plantea -a partir de una lectura polémica de la teoría de **Darwin**- que el hombre está en **competencia** con sus semejantes, y que de esa lucha surge una "**selección natural**" en la que sólo sobreviven los más aptos o los más fuertes. Esto sirvió para justificar la rivalidad entre los **Estados** en la etapa **imperialista** y las profundas diferencias sociales y raciales, coincidiendo con las lecturas del **elitismo** y el **liberalismo**. El DS sostiene que en todas las **sociedades** hay una desigualdad natural, y que sólo las *élites* son capaces de dirigir un país. Las teorías de T. **Malthus** y E. Haeckel también forman parte del DS.

Deculturación: **Contacto cultural** donde una **cultura** dominante se impone sobre otra que se empobrece (ver **aculturación**).

Depauperación: **Proceso** de **movilidad social ascendente**, en particular de los estratos bajos. Opuesto: **pauperización**.

Descendencia: Vínculos de **parentesco** entre las personas. La D puede ser **matrilineal** –transmisión de lazos de parentesco por vía femenina- o **patrilineal** –transmisión por vía masculina-. Si se considera sólo a una de ellas se habla de D unilineal.

Descolonización: **Proceso** de independencia **política** de las **colonias**. En particular, se habla del **proceso** de D que se inició tras la **Segunda Guerra Mundial** (1947-1965) en países del **Tercer Mundo**, en especial en África y Asia, que dio por tierra con los **imperios** británico, holandés y francés (ver también **colonialismo**).

Descubrimiento de América (América, 12-10-1492): El término DA de por sí implica una concepción eurocéntrica, dado que es obvio que los habitantes de América también descubrieron simultáneamente la existencia de Europa. La llegada de los europeos al "nuevo mundo" tuvo consecuencias dramáticas para la **historia** de los siguientes cinco siglos, cambiando la **geopolítica** mundial, generando nuevas formas de **producción** y **comercio** e impulsando la **investigación científica**. Entre muchas otras, una consecuencia del DA fue la consolidación del **colonialismo** y el **esclavismo**, y la opresión y masacre de los **indios**.

Dialecto: Habla regional en el interior de una **comunidad** en la que rige una **lengua** oficial. Cada D, a su vez, está constituido por una multitud de formas locales, a veces lo bastante importante como para que los usuarios de una lengua no entiendan a los de otra. Las más de las veces, la lengua oficial es también, y simplemente, un D que se ha erigido autoritariamente por sobre los otros. En la **lingüística** contemporánea, el concepto de D cobra gran relevancia, puesto que lingüistas como M.A.K. Halliday extienden muchísimo su alcance al relativizar el de comunidad lingüística. Por otra parte, el D se clasifica con frecuencia tomando en cuenta el tipo de diferencia que caracteriza a su usua-

rio. Así, se habla de **tecnolectos** (cuando se toma en cuenta la actividad técnica del hablante), **cronolectos** (cuando se toma en cuenta lo temporal del hablante, por ejemplo su edad o generación), **sociolectos** (la **clase social**), etc. Ver también **registro** e **idiolecto**.

Diferenciación: Según el **funcionalismo**, la D implica cambios y especializaciones en los **roles** o **estructuras** de un **sistema** social o la aparición de otros nuevos. Un ejemplo es la **socialización secundaria**, cuando la persona incorpora otros submundos diversificando sus roles y **funciones**. En las **empresas** modernas, todo el **sistema** de jerarquización es un caso de D.

Difusión: Transferencia de elementos culturales de una **sociedad** a otra. Por ejemplo, casi todo lo que se usa en la "**cultura** norteamericana" deriva de otras sociedades y culturas: su cama, ropas, platos, alimentos, idioma, **religión** y muchas cosas más. La D es un **proceso** selectivo: por ejemplo, Japón adoptó **tecnología** occidental sin hacer lo mismo con las creencias **políticas** occidentales, sus **instituciones**, arte o **filosofía**.

Difusionismo: Teoría que plantea que la **cultura** se transmite de un **pueblo** a otro mediante el contacto y la interacción.

Diluvial: Período de la **Era Cuaternaria** también llamado **Pleistoceno**, donde presuntamente se sitúa el diluvio universal.

Disciplina (Michel Foucault): Técnica de **control social** surgida en la **Modernidad**, control minucioso que tiene como objetivo domesticar a los cuerpos de los **individuos** hasta convertirlos en cuerpos dóciles y productivos, a través del autocontrol. Específicamente, la D fue la técnica histórica de subordinación del **trabajo** al **capital**. Las D suponen tres procedimientos: la vigilancia, el **examen** y la policía.

Disciplinamiento: Alude a la acción del **poder disciplinario** para encauzar las **conductas**, premiando las que se acercan a lo esperado y castigando las desviaciones.

***Discurso sobre el origen de la desigualdad entre los hombres* (Jean J. Rousseau, 1755):** Obra en la que el teórico francés sostiene que la desigualdad entre los hombres es producto de la **sociedad**, del egoísmo que generó la **propiedad privada**, inventada por la sociedad.

Disfunción (Robert Merton): Categoría de la **sociología funcionalista** que define a las consecuencias que tienden a disminuir la integración y la estabilidad de un **sistema** o **sociedad** o de algunas de sus partes, amenazando su unidad y la posibilidad de su supervivencia. Ejemplos: **guerras** o **revoluciones**. Opuesto: **eufunción**.

Dismonía (estructural-funcionalismo): Estado social de inconsistencia funcional, caracterizado por la presencia constante de conflictos que no pueden regularse.

Distracción cortés (Goffman): Técnica social que consiste en simular no ver lo que se ve. Es una manera deliberada de evitar el contacto visual con otros, aún cuando casualmente se los haya visto. Es ver, simulando que no se mira. Goffman sostiene que esta técnica es de enorme valor para sobrevivir en una **sociedad urbana:** ya que es imposible estar físicamente alejados se recurre a estar mental y espiritualmente alejados a través de estos mecanismos, creando la sensación de que nadie se preocupa por nadie. Esta seguridad para proteger nuestra privacidad trae consecuencias, entre ellas, la soledad.

División del trabajo: Fragmentación del **proceso** productivo en operaciones específicas realizadas por un solo **trabajador**. La DT permite reducir los desplazamientos entre una operación y otra. La **producción** masiva estandarizada y el desarrollo de **economías de escala** iniciados con la **Revolución Industrial** no hubieran sido posibles sin la profundización de la DT. Autores como A. **Smith** y E. **Durkheim** han desarrollado este concepto. El primero de ellos describió el ya clásico ejemplo de la fábrica de alfileres, planteando que, en tanto que un **obrero** aislado hubiera podido producir como máximo unos veinte alfileres diarios, la DT fabril en unas dieciséis operaciones permite aumentar la producción enormemente. Así, cita el ejemplo de una pequeña **fábrica** sin maquinaria adecuada, que aplicando la DT entre los obreros fabricó cuarenta y ocho mil alfileres diarios, esto es cuatro mil ochocientos en promedio por cada obrero. La moderna **industria** se asentó sobre estos parámetros, que distinguen a la DT de la división de tareas en las sociedades preindustriales, dado que ésta no aumentaba significativamente la producción sino que servía, más que nada, para establecer distintos **estratos** sociales. Los economistas **clásicos** reivindicaron la DT, señalando que permite: reducir el tiempo de trabajo para producir (aumento de la **productividad**), simplificar el aprendizaje de las tareas, desarrollar la especialización, reducir **tiempos muertos** y **costos** y aumentar las **ganancias**, entre otras ventajas. **Marx** criticó esa lectura, a la que consideró una apología del **capitalismo**, planteando que el fraccionamiento de la labor del obrero constituía un **trabajo alienado** que convierte al trabajador en un apéndice de la máquina y en un instrumento del **capitalista**. Señaló que la división manufacturera del trabajo, típica del **capitalismo**, hace que ningún obrero en forma individual produzca **mercancías**, sino sólo el conjunto de ellos. De este modo, en el capitalismo la **división social del trabajo** (ver) y la DT en la producción se influyen recíprocamente, lo que no sucede en los **modos de producción** anteriores.

División social del trabajo: Conjunto de las relaciones directas e indirectas a partir de las cuales se producen los diversos **bienes** y **servicios** en una **sociedad**. Según **Durkheim**, la DST se vincula directamente con la cantidad de **población** con la que cuenta cada sociedad. En sociedades simples, la DST se basa en parámetros de sexo y edad. Desde el punto de vista del **marxismo,** la DST señala cuánto se han desarrollado las **fuerzas productivas,** sirviendo como indicadores la posibilidad de generar **excedentes,** la especialización y el crecimiento demográfico. La **división del trabajo** se produce primero en la **familia,** generando diferentes formas de **propiedad** -con la consiguiente facultad de disponer del **trabajo** ajeno o de sus frutos-. La primera DST que se produce por fuera de la familia es la que se da entre trabajo industrial y comercial, por un lado y agrícola, por el otro: división campo-ciudad, con intereses diferentes. Luego se divide también el **trabajo intelectual** del **trabajo manual** y el **comercio** de la **industria.** Después se dividen ramas internas, lo que depende del **sistema** de trabajo (**patriarcado, esclavitud, estamentos, clases sociales** modernas, etc). En lo relativo a la DST en la era moderna y la **Revolución Industrial, Marx** distingue las etapas de la **cooperación simple,** la **manufactura** y la **gran industria.**

E

Ecología (Ernst Haeckel, 1866): Disciplina que estudia la relación entre el hombre, el conjunto de los seres vivos y su **medio ambiente,** y las consecuencias que la **acción** humana produce en éste. También analiza la incidencia de las innovaciones tecnológicas y de **desarrollo** de las grandes ciudades en los ecosistemas o **sistemas** ecológicos. Se considera al biólogo alemán E. Haeçkel como el fundador del concepto.

Ecología cultural (Julian H. Steward, 1955): Rama de la **Antropología** que estudia cómo los **individuos** y **grupos** humanos se adaptan al medio ambiente por medio de su **cultura**. El medio natural presiona a la cultura, despojándola de sus elementos inadaptados ("rasgos secundarios", dejando el "núcleo cultural" ligado a lo económico, social y político). La EC habla de la **evolución** multilineal de **sociedades** diferentes, péro con rasgos ecológicos comunes. Aparece como una postura intermedia entre el **relativismo** cultural del **particularismo histórico** y la evolución universal del **evolucionismo**. La tarea es describir las culturas particulares y su **historia**, para luego hallar semejanzas sin patrón *a priori*, buscando **leyes** clasificatorias de tipos de cultura. La cultura –para la EC- es un **sistema** adaptativo, que capacita al hombre para adecuarse a su **entorno** (por ejemplo, a través de los rituales y su **función** de reguladores sociales).

Edad: Períodos de tiempo extensos en que los historiadores dividen la **Prehistoria** y la **Historia**. La periodización de la Prehistoria en tres E (Piedra, Bronce y Hierro) fue propuesta por C. J. Thompsen en 1836. Otra clasificación distingue entre el **Paleolítico**, el **Neolítico** y la **Edad de los Metales**. También se llama E a cada una de las divisiones de una **era geológica**. PONER CUADRO

Edad Antigua (4.000 a.C. / 4-9-476 d.C.): Período histórico que abarca desde la aparición de la escritura hasta la división de Teodosio y la **Caída del Imperio Romano de Occidente**. Características: los grandes **imperios** y la **esclavitud**. El término refiere en particular a las **culturas** del **Próximo Oriente**, Grecia y **Roma**, coincidiendo cronológicamente con las Edades del Bronce y del Hierro.

Edad Contemporánea (14-7-1789 o 18-6-1815 →): Período histórico que abarca desde la época de la **Revolución Francesa** o de la **Restauración** –según distintas interpretaciones- hasta la actualidad. La EC tiene las siguientes características centrales: 1- el reemplazo del **absolutismo** monárquico por el **constitucionalismo**, 2- el surgimiento del **federalismo** y el **modelo** de la **República presidencialista** con modelo en **EE.UU.**, 3- la aparición del **nacionalismo**, el **marxismo**, el **imperialismo**, el **sindicalismo**, el **positivismo**, el **anarquismo** y el **totalitarismo**, 4- las revoluciones **liberales** y nacionales –en particular las **revoluciones de 1848**-, 5- la **Revolución Rusa** y el **stalinismo**, 6- la universalización de los derechos **ciudadanos** y de los **derechos humanos**, 7- una **revolución** tecnológica sin precedentes, que incluye la llegada del **hombre** a la Luna.

Edad de los Metales (3.000-500 a.C.): Segundo período de la **Prehistoria**, luego de la **Edad de Piedra**. Se divide en la **Edad del Cobre** (o **Calcolítico**), **Edad del Bronce** y **Edad del Hierro**. Abarca desde los comienzos de la metalurgia hasta la aparición de la escritura.

Edad de Oro (Eric Hobsbawm): Denominación del período 1945-1973, caracterizado mundialmente por al **auge** económico y social del **capitalismo keynesiano** y **fordista**, en términos de altas tasas de **crecimiento** del **producto** (promedio del 5 % anual en las décadas de 1950 y 1960 en los países desarrollados, contra un 1 % del período 1820-1950), del **pleno empleo**, rápido crecimiento de la **inversión**, mejora en los niveles de vida de la **población**, etc. La EO culminó con el estallido de la **Crisis del petróleo**.

Edad de Piedra (4.000.000-3.000 a.C.): Primer período de la **Prehistoria**, desde los comienzos del **Pleistoceno** a la **Edad del Bronce**. Se divide en **Paleolítico** o de la piedra tallada (inferior, medio y superior), Epipaleolítico, **Mesolítico** y **Neolítico** o de la piedra pulida. Se caracteriza por la utilización de la piedra como **materia prima** esencial. Abarca desde la aparición del hombre hasta los inicios de la **metalurgia**, es decir, hasta la aparición del uso de los metales.

Edad del Bronce (3.000-750 a.C.): Período intermedio entre el **Neolítico** (en rigor, el **Eneolítico**, etapa en la que se producían objetos con cobre y oro) y la **Edad del Hierro**, signado por el uso del bronce (aleación de cobre y estaño) en utensilios y objetos de arte. La EB hace referencia a **culturas** del **Próximo Oriente** y Europa, cuando se desarrollaron **sociedades** complejas y con un **poder** jerárquico y centralizado.

Edad del Cobre (3.000 a.C): Primera etapa de la **Edad de los Metales** y etapa inicial de la **Edad del Bronce**. También llamada **Eneolítico** o **Calcolítico**, refiere en particular a culturas del **Próximo Oriente** y Europa que utilizaron al cobre como **materia prima** moldeable con fines ornamentales.

Edad del Hierro (1500 a.C.-1200 d.C.): Período que sucedió a la **Edad del Bronce**, centrado en el uso sistemático del hierro en herramientas y armas. Constituyó la última etapa de la **Prehistoria**. En la llamada EH tardía (1000-1800) se desarrollaron **sociedades** con **Estado**.

Edad Media (4-9-476 / 29-5-1453): Período histórico de **Occidente** que abarca desde la **Caída del Imperio Romano de Occidente** hasta la **Caída de Constantinopla** en manos de los turcos. El término EM fue propuesto por los **humanistas** en el siglo XV, para describir lo que consideraban un período de **oscurantismo** y **barbarie**, aunque también se adjudica su creación al historiador alemán del siglo XVII, Christoph Keller. Junto con ello, los ejes centrales de la EM son los siguientes: 1- la desaparición de la unidad **política** europea tras la caída del Imperio Romano de Occidente y su reemplazo por la descentralización del **poder** (poliarquía) con distintas formas de **Estado** surgidas de las invasiones bárbaras, 2- la consolidación del **feudalismo** a partir de las invasiones de los normandos, árabes y **magiares**, 3- el mantenimiento en **Oriente** del **Imperio Bizantino**, 4- el peso creciente de la

Iglesia Católica y la escolástica y el conflicto entre el poder eclesiástico y el poder terrenal (cesaropapismo), 5- la difusión del Derecho Romano en Occidente. Se divide en Alta EM (antes de 1000) y Baja EM (después de 1000).

Edad Moderna (29-5-1453 / 14-7-1789 ó 18-6-1815): Período histórico que abarca desde la Caída de Constantinopla hasta la época de la Restauración. Sus características centrales son las siguientes: 1- el reemplazo del teocentrismo medieval por un humanismo laico; ya no es Dios el centro de todo, sino el hombre, 2- el absolutismo monárquico en lo político: Carlos I de España, Francisco I de Francia y Enrique VIII de Inglaterra son sus símbolos, 3- España en el siglo XVI, Francia en el siglo XVII y Prusia en el siglo XVIII aparecen como las grandes potencias, 4- en la filosofía y la ciencia, es la época del Renacimiento, de la Reforma, de la Razón y del método experimental, 5- luego de las Cruzadas, Europa se abre a los viajes, el comercio, los descubrimientos geográficos (descubrimiento de América) y técnicos; la pólvora, la imprenta, la brújula provocan una revolución y se desarrollan los imperios coloniales. 6- es la época de las revoluciones burguesas en Inglaterra y Francia y de la Primera Revolución Industrial y, 7- es la época de los teóricos absolutistas y liberales.

El contrato social (Jean J. Rousseau, 1762): Rousseau abandonó la idea del hombre malo de Hobbes y el individualismo de Locke, para hablar de la "voluntad general" buscando achicar las desigualdades de su país (una sociedad como la francesa, basada en las desigualdades sociales, era contraria a la naturaleza humana y a la libertad). Rousseau vio a un hombre naturalmente bueno, pero que se pervierte cuando entra en la sociedad a través del contrato social. Para él, la sociedad supera la simple suma de individuos para formar una realidad propia. El egoísmo y la guerra pertenecen a la sociedad y no al estado de naturaleza. La sociedad no surge de un contrato basado en los intereses individuales, sino que es un vínculo entre ciudadanos. El hombre nace libre (estado de naturaleza) pero vive encadenado (sociedad), porque es en la sociedad donde aparece la propiedad, que es el origen de todos los males. Esta idea hace que Rousseau sea el teórico burgués más polémico para la propia burguesía. Los derechos a la libertad, la igualdad y la propiedad no son naturales -como en Locke- sino derechos de los ciudadanos. Su objetivo era subordinar los intereses particulares a la voluntad general, en una sociedad más solidaria. La única obediencia legítima –según Rousseau- es a las leyes que surgen de esa voluntad general, perteneciendo la soberanía al pueblo como cuerpo social. Su teoría representaba a la burguesía frente a la aristocracia, pero con una idea más democrática que la de Locke -que era más elitista- ya que para éste la democracia sólo era para los propietarios.

El origen de las especies por medio de

la selección natural (**Charles Darwin, 1859**): En su obra cumbre, el naturalista británico expuso la idea de que la **evolución** respondía a una **selección natural** regida por la lucha por la **supervivencia.** Las crías heredan características de sus padres; pero surgen variaciones (por esta razón no hay dos rostros iguales). Ciertas crías nacen con características que hacen que no puedan sobrevivir para llegar a reproducirse, por lo que no tienen descendencia (si son enfermizos nacen sin riñones, o ciegos, etc.), mientras que otras crías tienen características que les permiten reproducirse y tener muchos hijos (que heredan esas características y a su vez tienen más hijos).

El suicidio (**Émile Durkheim, 1897**): Estudio **empírico**, considerado un **modelo** de análisis sociológico **positivista. Durkheim** plantea que es el grado de **cohesión** social que tenga el **grupo** al cual pertenece un **individuo** el factor determinante del índice de suicidios manifestado en dicho grupo. Durkheim formula una ley: "Cuanto mayor sea el grado de cohesión o integración social del grupo, menor será la tasa de suicidio dentro de ese grupo." Distingue tres tipos: **suicidio anómico, suicidio altruista** y **suicidio egoísta.** El suicidio del hombre moderno –suicidio anómico- es un **hecho social** que se origina en la pérdida de **cohesión** y unidad de la **sociedad moderna** y en la falta de **normas** morales que orienten las acciones de los individuos. Con ES, Durkheim procura demostrar que un **fenómeno** pu-

ramente individual como quitarse la vida tiene, en realidad, profundas raíces sociales.

Élite: **Grupo** social minoritario con privilegios o cualidades especiales (riqueza, **cultura**, sabiduría, experiencia, valentía, etc) que le permiten ejercer **poder.** Ejemplos: los **aristócratas (sociedades tradicionales)**, los banqueros y monopolistas (**sociedad capitalista**), intelectuales, científicos, dirigentes políticos, etc. W. **Pareto,** G. **Mosca** y R. Michels (ver **ley de hierro de la oligarquía**) han sido quienes más han desarrollado la **teoría de las E.**

Emigración: Desplazamiento de habitantes de un país a otro con el fin de establecerse allí en forma definitiva o temporaria (ver también **Inmigración** y **migración**).

Enajenación: Ver **alienación.**

Enculturación: Adquisición por parte de un **individuo** de las pautas de **conducta** social de la **cultura** a la que pertenece. También llamada **culturización.** También se habla de E cuando las generaciones jóvenes adoptan elementos culturales de las generaciones precedentes.

Endogamia: Matrimonio efectuado dentro del **grupo** local de filiación o pertenencia, definido a partir de cierta identidad, ya sea de **parentesco,** lugar de residencia, *status,* **casta,** etc. La E no es muy habitual, siendo el régimen de **cas-**

tas de la **India** uno de los ejemplos más conocidos. Opuesto: **exogamia**.

Endógeno: Que se origina o nace al interior de algo. Opuesto: **exógeno**.

Endogrupos: Grupos de los que un **individuo** se siente parte. Son E la **familia**, el grupo de amigos, los compañeros de escuela, la comunidad religiosa, la barra brava, etc. El individuo que integra un E se siente identificado con él. Opuesto: **exogrupos**.

Eneolítico: Ver **Edad del Bronce**.

Epipaleolítico: Ver **Mesolítico**.

Equilibrio social: Categoría de la **Sociología funcionalista** que sostiene que toda **sociedad** se basa en el **consenso** en **valores** comunes y en la interdependencia entre las partes y el todo como barreras al **conflicto social**.

Era: **Método** de conteo del tiempo que toma como punto de partida a algún hecho histórico de gran importancia, como el nacimiento de **Cristo** o la *hégira* árabe. También refiere a cada uno de los ciclos geológicos.

Era Cuaternaria: Ver **Cuaternario**.

Era Primaria: Ver **Paleozoico**.

Era Secundaria: Ver **Mesozoico**.

Era Terciaria: Ver **Cenozoico**.

Eras geológicas: Cada una de los períodos en que se divide la **historia** de la geología terrestre y del hombre. Existen cinco grandes EG: **arqueana, arcaica** o **agnostozoica, Primaria** o **Paleozoico, Secundaria** o **Mesozoico, Terciaria** o **Cenozoico** y **Cuaternaria** o **Antropozoico**.

Esclavismo: Ver **modo de producción esclavista**.

Esclavitud: Forma extrema de desigualdad, por la que ciertos **individuos** carecen de derechos. Un hombre es considerado **esclavo** si es **propiedad** de otro; puede no tener atribución alguna como un utensilio o puede tener cierta protección como una vaca o una oveja. Por ser posesión de un dueño, el esclavo está obligado a trabajar. Pero si goza de ciertos derechos, deja de ser esclavo. Ejemplos históricos de E: la antigua Grecia o Roma, el **sistema** de plantaciones de los Estados del sur de los **Estados Unidos** en los siglos XVIII y XIX y diversas formas de **trabajo forzado** durante la **colonización española**. Como la base del **sistema** es económica, su decadencia se debe a la escasa **productividad** de los esclavos en la era industrial (ver también **modo de producción esclavista**). Durante la primera época de **colonia**, el tráfico de esclavos se realizaba por medio de permisos otorgados por la Corona a ciertos comerciantes, por lo general portugueses, aunque los ingleses participaron también activamente del negocio. En nuestro país, la E fue ilegal hasta principios del siglo XVII, cuando los primeros esclavos legales llegaron a Buenos Aires, reemplazando a los cada vez más escasos **indios** en la servidumbre o el trabajo rural; el **Primer Triunvirato** prohibió su **comercio** y la **Asamblea del Año XIII** declaró la **libertad de vientres**, aunque siguió habiendo E hasta que la **Constitución de 1853** la abolió definitivamente.

Especiación: Origen de especies a partir de una **especie** ancestral. De acuerdo al **darwinismo** moderno, las especies se originan dentro de una misma **población** por mecanismos de aislamiento reproductivo. Estos mecanismos surgen como consecuencia de la acumulación de diferencias genéticas entre partes aisladas de una población. Por ejemplo, una barrera geográfica (una isla separada del continente) puede aislar físicamente a miembros de un misma especie. Si los ambientes de cada una de esas islas son diferentes, es posible que en cada uno de ellos, se *seleccionen* distintas variantes genéticas (ver **selección natural**). Con el tiempo, las diferencias genéticas entre ambos grupos aumentan, haciéndolos genéticamente incompatibles para dejar descendencia fértil. Es a partir de entonces que se han originado especies nuevas a partir de la original.

Especie: Clase subordinada al **género**.

Especie: Conjunto de **individuos** que tienen la capacidad de reproducirse mutuamente. Una E está constituida por **poblaciones** naturales que presentan características morfológicas y genéticas comunes, y son capaces de reproducirse entre sí. Las E van modificándose a lo largo de un proceso de descendencia, por medio de la **selección natural** de numerosas variaciones sucesivas, ligeras y favorables. A diferencia de las **razas**, las E no se mezclan. Por ejemplo, los chimpancés.

Establishment: *Élite* **política** e intelectual al servicio de las **clases** y **grupos** dominantes de una **sociedad**.

Estado: La **Ciencia Política** actual define al E como a la **organización** que impone y obtiene acatamiento de la **población** valiéndose del **poder** o **coerción** y de la **autoridad** o **legitimidad**. Se plantea que el E es el ordenador de la **sociedad**, encargado de regular los conflictos sociales provocados por el choque de intereses, **valores** y **costumbres**. El E expresa -o pretende expresar- a la vez el interés general de la sociedad y el de un **grupo** dominante. Para los griegos (**Sócrates, Platón, Aristóteles**) el E es el lugar de lo público, la *Polis.* Puede decirse que en la **Edad Media** no existió el E: todas sus funciones típicas estaban repartidas entre la **Iglesia**, la **nobleza**, los caballeros y otros grupos privilegiados. Como plantea Heller, los orígenes del E **moderno** se ubican en las ciudades-repúblicas italianas del **Renacimiento**. Es allí donde se unificaron y concentraron en el E los ejércitos, la administración, las **leyes**, las atribuciones económicas y la obediencia general. Así, el pasaje al E moderno consistió en un **proceso** por el que los medios de administración y autoridad -que eran posesión privada- se convirtieron en propiedad **pública**, en favor del monarca absoluto primero y luego del E en sí: poder militar, justicia, administración, comunicaciones, **moneda, impuestos**, etc. Para **Maquiavelo**, *stato* es la organización **política** de un país. Para los **contractualistas (Hobbes, Locke, Rousseau)**, el E es el resultado del **contrato social** entre los **individuos.** Para el **liberalismo**, el árbitro imparcial entre los individuos iguales. Para **Hegel**, el E es la superación dialéctica de lo particular y lo universal, la realización de la libertad humana. Para el **marxismo**, se trata de un instrumento de la **clase dominante** (propietaria) en la **producción** para oprimir a la mayoría. Es decir que, en oposición a las visiones liberales, cristianas y **contractualistas**, el E no es neutral sino una herramienta de opresión de clase. Para **Marx y Engels**, el E es un producto del desarrollo histórico asociado al surgimiento de la **división del trabajo**, el **excedente**, la **propiedad privada** y la consiguiente formación de **clases sociales** antagónicas. Su esencia es la existencia de una fuerza armada especial para que la **sociedad** produzca según la necesidad de la clase dominante, fuerza que aparece colocada por encima de la sociedad y se divorcia de ella cada vez más. Cada E que ha existido en la **historia** está determinado por el **modo de producción** del que surgió y es un instrumento de la clase dominante en ese modo de producción. Toda clase propietaria necesita de un cuerpo armado especial, **instituciones, leyes** e ideas para defender

su privilegio. De todos modos, si bien todo E expresa el interés fundamental de la clase dominante también expresa, al menos parcialmente, intereses de las clases dominadas (como lo planteara **Gramsci** a partir de su **concepto** de **hegemonía**). Para **Weber**, el E es aquel instituto político de actividad ininterrumpida, donde su **cuadro administrativo** posee el **monopolio legítimo** del uso de la violencia física. Desde un punto de vista jurídico, la mayoría de los autores sostienen que el objetivo central del E es el **bien común. Kelsen** considera al E como la representación metafórica de la totalidad del orden jurídico. Jellinek, por su parte, plantea que los elementos constitutivos del E son la **población**, el **territorio** y el **poder**, aunque otros autores agregan el **gobierno** y el **derecho**. Según O'Donnell, el E no es sólo un conjunto de **aparatos** o **instituciones**, sino el conjunto de relaciones de **dominación** "política" que colaboran en la reproducción de determinada organización de las clases en una sociedad. Por su parte, Oscar Oszlak plantea que, para que exista un E, se necesitan ciertos requisitos a los que denomina **"atributos de la estatidad"** (ver). Hay diversas **teorías** sobre el origen del E: Wittfogel defiende la "hipótesis hidráulica": el control del agua y el riego otorgó gran poder a ciertos grupos sobre los agricultores, en lo que se conoció como **"despotismo oriental"** (y que Marx describió en el **"modo de producción asiático"**). Carneiro plantea la idea de "circunscripción social": el factor inicial sería la competencia por la **tierra** a partir del crecimiento de la población, lo que habría derivado sucesivamente en **guerras**, conquistas de territorios, los primeros jefes, las primeras unidades comunales y, al fin, en la formación del E. Service distingue "niveles de integración socio-cultural": **banda, tribu**, jefatura y E. El jefe controla un determinado territorio y distribuye excedentes, asegurando la **cohesión** grupal y logrando movilizar a las **masas** como **fuerza de trabajo** o militar. Un E puede administrarse bajo diversas formas de **regímen político** y gobierno (ver ambas entradas).

Estado: Posición jurídica o "*status familiae*" de la **persona** dentro de la **sociedad**, especialmente en el **grupo** familiar (estado civil).

Estado: **Grupo** de pertenencia social adquirido desde el nacimiento pero susceptible de cambiar, lo que diferencia al E de la **casta**. En Roma y en la **Edad Media** predominó el concepto de **orden** –utilizado como sinónimo de E, aunque algunos autores no comparten el criterio-, es decir, grupos de hombres distribuidos en funciones fijas en la **estructura** social. Por ejemplo, la **Iglesia medieval** se reservaba la **función** de rezar, mientras que los señores **feudales** debían combatir y los **campesinos** trabajar, siendo estos últimos subordinados de los otros dos órdenes considerados superiores. Pertenecer a un E implica que se ha nacido conforme a algo y que los **individuos** aceptan la posición jerárquica que les toca en la escala social, de acuerdo con sus dignidades, honores, **símbolos**, modos de vida o profesiones. También se le llama **estamento** (ver). La estructura del *Ancien Régime* se basaba en los E.

Estado de naturaleza (contractualismo): Situación pre-política, donde los **individuos** no se guían por **leyes** ni autoridades comunes. Según cada autor, el EN puede ser de **guerra de todos contra todos (Hobbes)**, de paz **(Locke)** o de soledad **(Rousseau)**. El EN expira cuando los **individuos** acuerdan entre sí para constituir la **sociedad** a partir de un **contrato social**.

Estamentos: Grupos de hombres o comunidades con un modo de vida en común y con funciones fijas en la **estructura** social, determinadas por la **ley** o la **costumbre**. Los E feudales se caracterizaban por tener cada uno un *status* legal definido en cuanto a derechos y obligaciones, cumpliendo funciones definidas en una amplia **división del trabajo**. Los E eran algo menos estáticos que las **castas**: por ejemplo, un **siervo** liberado por su señor o un **campesino** podía entrar a la milicia o al **clero**, o el hijo de un comerciante se podía llegar a casar con la hija de un aristócrata, sin embargo se trataba de casos excepcionales, siendo la regla general la estabilidad y no la **movilidad social**. Aunque en un sentido había **"clases"**, la relación entre ellas era muy distinta a la que conocemos en las sociedades modernas. En la **sociedad** feudal, se consideraba que cada E tenía su **función**: la nobleza, defender a todos, el clero, rezar por todos, y el **pueblo**, dar alimentos a todos. Ejemplos históricos: la Europa medieval, el Japón de los **Meiji**, los **incas** y los **mayas**. También llamados **estados** u **órdenes.**

Estereotipos: Creencias y representaciones que mantienen los **sujetos** respecto de **grupos**, sujetos u objetos. Se caracterizan por ser *preconceptos*; no se dan como **hipótesis** a confirmar sino, más bien, como descripciones simplificadas e imágenes reductoras. Así, siguen vigentes representaciones hegemónicas como las del judío avaro, el indígena salvaje, el homosexual afeminado, etc. Actualmente, las **Ciencias Sociales** no se preocupan tanto por determinar si los E son correctos o incorrectos sino de determinar su papel en la cognición humana. Además, pueden funcionar como factores de cohesión social y devenir elementos constructivos en la relación de los sujetos humanos consigo mismos y con sus otros. Ver también *clichés* y **prejuicio.**

Estirpe: Origen social de un **individuo**, el E o **linaje** es fundamental en la **teoría funcionalista** de la **estratificación social**. El E alto o bajo dependerá la procedencia racial o **étnica**, el **prestigio** familiar, el tiempo de residencia en el lugar, entre otros factores.

Estratificación: **Proceso** por el cual los **individuos**, **familias** o **grupos** sociales son jerarquizados en una escala.

Estratificación social: Clasificación de las desigualdades sociales sobre la base de la distribución de la **sociedad** en **estratos** con diferentes niveles de acceso a los recursos materiales, culturales, políticos o de cualquier otra índole. La **teoría** más vinculada a la ES es la **funcionalista**, desarrollada entre otros por **Parsons**, **Merton** y Davis y Moore. El funcionalismo presupone la ES como un **fenómeno** universal, inevitable y necesario y la define como la distribución jerárquica entre los individuos que componen la **estructura social** con **roles** y *status* distintos. El ordenamiento jerárquico de los *status* y roles en términos de riqueza, **ingresos**, ocupación, **prestigio**, **poder** y autoridad, es la base de la ES, rasgo universal de toda sociedad. Los individuos compiten entre sí para ocupar los lugares más altos de le ES de acuerdo con sus méritos. Esa motivación individual es la que permite a la ES mantenerse en equilibrio. El funcionalismo utiliza categorías difíciles de fijar claramente, como "posición más importante" o "las personas más calificadas" y no presta atención a los conflictos sociales y políticos. **Weber** distinguía tres dimensiones de jerarquía social, todas igualmente importantes: el poder económico centrado en las oportunidades en el **mercado**, es decir, en la capacidad de disponer de **bienes** y de obtener **dinero** (estratificación en **clases**), el poder político, en el sentido de la capacidad de un individuo para influir e imponer su voluntad sobre los demás (estratificación en **partidos**) y el **honor** social o prestigio que otorga llevar adelante determinado estilo de vida, tener cierta **educación** y origen familiar y donde no importa tanto *cuánto* o *qué* se tiene sino *cómo* se lo usa (estratificación en **estamentos**). Desde el punto de vista de la ES, el **marxismo** plantea la existencia de dos **clases** fundamentales -**proletariado** y **burguesía**- que son **clases en sí** en cuanto comparten una misma disposición en la **estructura** económica –como resultado de la **división del trabajo**- y su implicancia política, pero se convierten en **clases para sí** al tomar conciencia de su **situación de clase**. Mientras que el funcionalismo se propone mantener la ES –ya sea reproduciéndola o modificándola en aspectos no esenciales- el marxismo tiene como meta su destrucción revolucionaria. Históricamente, podemos distinguir tres tipos centrales de ES: 1- **Castas:** en el **sistema** de castas predomina la adscripción del **individuo** a un **grupo** y el carácter cerrado de éstos, en el marco de una sociedad estática, donde no existen posibilidades de pasaje de un estrato al otro. Por ejemplo, desde 1.500 a.C. en la **India** la estratificación por castas ubica en la cima a los sacerdotes y sabios, debajo a los **reyes** y militares, más abajo a los comerciantes, luego a **obreros**, **artesanos** y **esclavos** y finalmente a los **parias** (aquellos carentes de casta alguna), 2- Estamentos: en el sistema de estamentos existe una fuerte adscripción a un determinado *status* pero a diferencia de las castas aquí es posible cierta **movilidad social**. La diferenciación de funciones está fijada legalmente y por la **costumbre**. Por ejemplo, en el **feudalismo** la ES se basaba en la **propiedad** de la **tierra** y se podían diferenciar distintos estratos, llamados estamentos: reyes, **aristocracia terrateniente**, **clero**, **mercaderes**, artesanos y **siervos**, 3- Clases: desde la **Revolución Industrial** surge una forma de ES revolucionaria, donde la movilidad social –tanto vertical como horizontal- crece enormemente, predominando el *status* adquirido por sobre el status adscripto y la competencia entre los individuos.

Estrato: Grupo o capa que forma parte de un todo del cual se diferencia, pero que es homogéneo en su interior (ver también **E social**).

Estrato social (funcionalismo): Cada una de las **capas** sociales de la **estratificación social**, con un conjunto de **roles** y *status* homogéneos. Hay tres ES: alto, medio y bajo. Los **grupos** se clasifican según distintos niveles de **educación**, ingreso, **consumo**, **poder**, actitud **política**, estilo de vida, **prestigio**, etc. Los criterios para establecer la importancia de cada una de esas características en la ES son subjetivos y dependen de las escalas de valor de cada **sociedad**. Lo único que une a los **individuos** en un mismo ES o **clase** no es su conciencia de solidaridad, sino tener pautas de comportamiento parecidas.

Estructura (estructuralismo): Según C. **Lévi-Strauss**, conjunto constituido por elementos relacionados entre sí que forman una totalidad, fuera de la cual no puede comprenderse a cada parte individualmente. El aporte más original del pensamiento levistraussiano es

su afirmación de una E universal, común a todas las sociedades humanas, subyacente a la diversidad de **culturas** concretas, una suerte de esqueleto común. En general, se diferencia del **sistema** en que la E trata de explicar fenómenos no observables directamente (es un **modelo** lógico para analizar y representar situaciones **empíricas**), aunque también se habla de E como del orden en que están distribuidos los elementos de un sistema. Así, son ejemplos de E el **complejo de Edipo**, el mecanismo capitalista de la **plusvalía** o la **prohibición del incesto**. Según el **funcionalismo**, la E es la parte estática del **sistema social**, que se forma en relación con pautas organizativas que originan adhesión al sistema. La E es considerada como la red visible de las relaciones sociales donde los fenómenos culturales visibles son analizados para determinar su funcionalidad. Según el **marxismo**, la E es el conjunto de las relaciones materiales y objetivas entre los hombres (ver). A diferencia de Lévi-Strauss, para **Marx** el cambio estructural no siempre genera una auto-reproducción de la E, ya que ésta tiene contradicciones que pueden llevar a su transformación. En **Psicología**, observamos una diferenciación entre las E como todo estático de la *Gestalt* y las E concebidas como **proceso cognitivo** en la **Psicología genética** de **Piaget**.
Estructura (Karl Marx): Suma de las **relaciones de producción** en una **sociedad**, base real o material sobre la cual se levanta una **superestructura** legal y política, y a la que corresponden determinadas formas de **conciencia** social. En el *Prólogo a la contribución a la crítica de la economía política* de 1859, Marx trató de explicar el funcionamiento de las sociedades con una **metáfora**, analizándolas como si formaran un edificio. Los cimientos del edificio forman la **base** o E, donde se dan todas las relaciones materiales de **producción** y **circulación** (lo que podemos llamar vulgarmente "la economía"). Allí, la **clase** propietaria explota el trabajo de la clase no propietaria. Sobre esos cimientos se construye la **superestructura**, que abarca todas las relaciones no materiales: políticas, represivas, institucionales, legales, ideológicas, culturales, artísticas, etc (en términos vulgares: "la política", "lo jurídico" y "la ideología"). Observemos que el edificio se basa en una visión materialista: según cómo los hombres producen y se relacionan, tendrán determinadas ideas e **instituciones**. De este modo, la clase que domina en la E, usará la superestructura para garantizar el mantenimiento de su **dominación**. Según cómo los hombres se relacionen y produzcan materialmente, crearán determinadas instituciones políticas y jurídicas. Las leyes, las ideas, las instituciones políticas de una época no son caprichosas, sino que se desprenden del grado alcanzado por las **fuerzas productivas**. Por ejemplo, una **ley** de **contrato** de **trabajo** como las que nosotros conocemos, no tendría sentido en una **sociedad** esclavista o **feudal**: sin **propiedad burguesa**, sin **trabajo asalariado**, esa ley no existiría.

Estructura demográfica: Conjunto de las características de una **población**: sexo, edad, estado civil, empleo, etc.

Estructura social: Tom Bottomore la define como "la interrelación sistemática de formas de comportamiento o de **acción** en sociedades particulares" y como el "complejo de las principales **instituciones** y de los principales **grupos de la sociedad**." Para A. **Radcliffe-Brown**, la ES es el conjunto de "las relaciones existentes, en un momento dado, que ligan entre sí a ciertos seres humanos", siendo estas relaciones de carácter general, al margen de las variaciones y de los **individuos** concretos que aquellas implican. Para el **funcionalismo**, la ES es un **sistema** interrelacionado de **roles** y *status*.

Estructural-funcionalismo (Alfred R. Radcliffe-Brown y Talcott Parsons): Rama del **funcionalismo** que explica el funcionamiento de las **instituciones** sociales (las partes) a partir de aspectos sociales y culturales globales (el todo). El concepto de **estructura** es tan importante como el de **función**. La **estructura social** resulta ser un **sistema** de posiciones sociales, una disposición ordenada de **individuos** en relaciones institucionales controladas, definidas y estables. Así, por ejemplo, la **política** o las relaciones de **poder** se explican a partir de las instituciones del **parentesco**. El E-F opera en la realidad a través de un relevamiento de **datos** con el objetivo de solucionar problemas y garantizar la estabilidad social. Según **Parsons**, la racionalidad de la **acción social** (orientada por motivos o por **valores**) se basa en la interacción armónica existente entre estructura o sistema y función. El sistema se conforma con tres subsistemas: de la personalidad individual, cultural o normativo-axiológico y medio ambiente físico. Además, existen ciertos imperativos funcionales: adaptación al medio (de la que se encarga la **Economía**), consecución de los fines del sistema (**política**), integración (**educación**) y mantenimiento de pautas de equilibrio u **homeostasis** (**leyes** y justicia).

Estructuralismo (1928 →): Modelo teórico que se interesa por las totalidades organizadas o **estructuras** –partes interrelacionadas que forman un todo- y por los aspectos universales atemporales de la **conducta** humana –en particular, del **lenguaje**-, sin considerar los elementos históricos. A diferencia del **funcionalismo**, el E no se va a abocar al estudio de la red visible de relaciones sociales, sino a la búsqueda de la **lógica** profunda que subyace en los **sistemas** socio-culturales. El principal representante y a su vez inspirador del E antropológico fue Claude **Lévi-Strauss**. Los antecedentes del pensamiento levistraussiano se encuentran fundamentalmente en la **lingüística** de **Saussure**, la **fonología** de **Troubetzkoy** y **Jakobson**, el **formalismo ruso** de Propp y las formulaciones del **Círculo de Praga**. El contexto histórico-social del E antropológico está marcado por la finalización de la **Segunda Guerra Mundial** y el **proceso de descolonización**, campo fértil para esta **teoría** social cuyo objetivo principal es el estudio de las estructuras universales de la mente humana y de sus fundamentos psico-lingüísticos. El punto de partida del E se encuentra en lo siguiente: existe una lógica del pensamiento humano que, basándose en las estructuras innatas de la mente, produce formas universales. La lingüística va a convertirse en una ciencia madre y la **Antropología** tomará como misión el estudio científico de los productos culturales generados por las operaciones del intelecto, ya que las operaciones mentales o las estructuras representan el **significado** real de la **cultura**. En la teoría de Lévi-Strauss encontramos tres conceptos centrales: la **invariancia universal**, las **oposiciones binarias** y las **reglas de transformaciones**. Esas tres nociones se nuclean en dos nociones claves: a) el concepto de **oposición**, donde lo verdaderamente significativo para definir relaciones entre elementos u objetos son las diferencias: el **sistema** de relaciones es a la vez, un sistema **semiológico** de oposiciones significativas y, b) el descubrimiento de las diferencias, es decir, de las relaciones y del sistema, descansa sobre el supuesto de la invariancia: las formas del **mito** o de las relaciones de **parentesco** descansan sobre un universal. En **Psicología**, el enfoque estructuralista surgió en oposición al **elementalismo asociacionista** de la **Psicología clásica** y el **conductismo** watsoniano. Aunque con características muy distintas, pertenecen al E las corrientes psicológicas de la *Gestalt* (aunque limita la totalidad a los fenómenos visibles), el **Psicoanálisis**, la **Psicología genética** y las ligadas al **marxismo** (**Vigotsky**, **Reich**, aunque sólo parcialmente ya que en éstos la **historia** es determinante). Las teorías de **Althusser**, **Lacan**, **Foucault**, **Barthes** y **Chomsky** pueden también incluirse dentro del E. Defendido como **método** para identificar y comprender relaciones ocultas o latentes, su carácter **a-histórico** y reproductor del orden vigente, junto con una negación de la autonomía del **sujeto** para transformar la **sociedad**, son las principales críticas que ha recibido esta corriente.

Estructuralismo funcionalista: Ver **estructural-funcionalismo.**

Estudio de campo: Ver **observación de campo, trabajo de campo** e **investigación de campo.**

Etic: Ver **perspectiva** *etic*.

Ético: Ver **perspectiva** *etic*.

Etnia: Grupo que –además de la **raza**– comparte fenómenos tales como la **religión**, el idioma, el origen nacional, la **cultura**, etc, en el marco de una cultura mayor –por ejemplo, el caso de un **Estado** nacional o el de los **migrantes** que van hacia otros países– de la que forman parte junto con otros grupos. Se trata de un conglomerado social capaz de reproducirse biológicamente, que reconoce un origen común, cuyos miembros se identifican entre sí como parte de un "nosotros" distinto de los "otros" y que comparten ciertos elementos, **costumbres** y rasgos culturales, entre los que tiene especial relevancia la **lengua**. La identidad étnica surge por contacto interétnico, por oposición y contraste con otros grupos. De este modo, se distingue de la raza en que la E refiere a una realidad que excede a lo biológico, incorporando dimensiones sociales y culturales.

Etnocentrismo: Valoración positiva de la **cultura** propia y del propio **grupo (endogrupo)** por oposición a una valoración negativa del afuera, el **exogrupo**, todos los demás grupos. El E intenta colocar al propio pueblo, a la propia **sociedad**, en la cúspide de la "evolución" para desvalorizar desde allí otras manifestaciones culturales. (Ver **xenofobia** y **prejuicio**).

Etnocidio: Exterminio cultural, negación a un **grupo** étnico de su **derecho** a desarrollar y transmitir su **cultura** peculiar. El E detiene el desarrollo de un **pueblo**, dividiéndolo, desarraigándolo e imponiéndole un modo de vida distante de su **idiosincrasia**.

Etnografía: Rama de la **Antropología cultural** que describe los rasgos sociales y las costumbres de **grupos** humanos, especialmente no occidentales –el denominado "otro cultural". De **ideología positivista**, la E –o expresión escrita de la **cultura**- se centra en el **trabajo de campo** y la **observación participante** en determinados **pueblos** y **razas** de donde surgen los análisis de las **institucio-** nes, hábitos, religiosidad y otros aspectos que permiten generalizar y teorizar. B. **Malinowski** y F. **Boas** se destacan en la disciplina.

Etnolingüística (Benjamin Lee Whorf): Rama de la **lingüística** que estudia a las **lenguas** en sus relaciones con los contextos socio-culturales en los que se desenvuelven. Su **objeto de estudio** es la **comunidad** cultural en su relación con el **lenguaje**, motivo por el cual la E tiene una fuerte **impronta** antropológica. En las décadas del 1930-40 en **Estados Unidos**, B. L. Whorf -basándose en las investigaciones de Sapir- desarrolló la **hipótesis Sapir-Whorf**, que plantea que la lengua hablada es determinante en el modo de conocer la realidad. Whorf se propuso demostrar que las categorías fundamentales del pensamiento no son las mismas en inglés, por ejemplo, que en una lengua no indoeuropea —como la de los indios hopi—. Esta hipótesis fue leída posteriormente de modo tal que llevó a implicaciones racistas, puesto que llegó a considerarse que ciertos sujetos estaban menos capacitados ontológicamente que otros para acceder a ciertos tipos de pensamiento. En la actualidad la E prefiere considerar más la presencia de un condicionamiento cultural que la de una firme determinación. También llamada **sociolingüística** o **lingüística antropológica**, la E recibió aportes de autores como **Durkheim**, Mauss, **Saussure, Tylor, Boas**, Bloomfield y Pottier.

Etnología: Rama de la **Antropología cul-**

tural que extrae conclusiones de los **datos** que aporta la **etnografía**, por medio de clasificaciones, comparaciones y formulación de principios generales aplicables a distintos **grupos**. A diferencia de la **historia**, la E no se ocupa de los cambios, sino de las condiciones de estabilidad. Autores como B. **Malinowski** consideran a la E como un auxiliar del trabajo etnográfico (ver **etnografía**).

Etología: Disciplina que estudia el comportamiento animal, bajo la influencia de la **teoría de la evolución darwiniana**, que postula la existencia de pautas de comportamiento fijas, inmutables, filogenéticamente heredadas, comunes e invariables a los animales de una **especie**. Fue fundada por Konrad Lorenz en 1930, siendo una de las bases de la **sociobiología**.

Eufunción (funcionalismo): Función positiva que mantiene y optimiza el equilibrio de una **estructura social**. Opuesto: **disfunción**.

Eunomia (estructural-funcionalismo): Situación producida cuando todos los componentes del **sistema** social actúan de tal modo que se produce una adecuada armonía o solidaridad al interior de una **estructura**, produciéndose una unidad funcional. Opuesto: **anomia**.

Evidencia arqueológica: Conjunto de los objetos de la **Arqueología** y su disposición en el espacio.

Evolución: La E como **concepto** se remonta a los filósofos **presocráticos**. Durante la **Edad Media** predominó el **fijismo** –todo lo existente fue creado por Dios-. Las ideas evolucionistas resurgieron con la **ciencia** moderna. En el siglo XVIII, **Lamarck** planteó una teoría de la E, el **transformismo**, basada en la herencia de los caracteres adquiridos. El gran aporte de **Darwin** fue definir el mecanismo que guía a la E: la **selección natural**, que opera como un árbitro que elige qué organismos sobrevivirán. Despojó a la idea de E de todo sentido de dirección, de progreso, ya que ésta no se dirige hacia lo más perfecto, sino que tiene que ver con la adaptación de los organismos a condiciones cambiantes. Es más, Darwin prefería hablar de "descendencia con modificaciones", en un proceso lento y gradual. Así, para Darwin la E es un proceso con dos pasos: 1) variabilidad inicial, que se da de manera azarosa: **individuos** de una misma especie con diferencias; así, unas mariposas nacen con alas blancas y otras con alas negras, 2) selección natural, donde determinadas **causas** ambientales permiten sobrevivir a las mariposas de alas negras y no a las de alas blancas. Los **procesos** que causan pequeños cambios se acumulan y producen grandes cambios. Y la acumulación de grandes cambios produce nuevas **especies**. Se considera que la E se da en dos dimensiones: la **E filogenética** y la **especiación**. A mediados de la década de 1930 surgió la **teoría sintética de la evolución**, que partió de las ideas de Darwin y de los conocimientos de la genética.

Evolución filogenética: Cambios que a lo largo del tiempo se van acumulando en una única línea de descendencia, habitualmente ligados a procesos adaptativos.

Evolucionismo: (Para los aspectos específicos del pensamiento de **Darwin** ver **darwinismo** y **teoría de la evolución de las especies**). Algunos de los supuestos generales del E son los siguientes: a) todos los seres humanos somos producto de una evolución biológica común y tenemos la misma *psiquis*; no hay diferencias en nuestra constitución: todos tenemos la misma inteligencia, lo que cambia es el estadio evolutivo de la **sociedad**, b) complejidad creciente: a medida que avanzamos en la evolución, la sociedad y las **instituciones** que la componen tienen una complejidad mayor, c) supervivencia: existen elementos culturales de una sociedad que no tienen que ver con el estadio cultural al que han llegado mediante su desarrollo, sino que han quedado como restos de los estadios culturales anteriores; a estos restos se los denomina supervivencias. Pero metodológicamente, el aspecto más importante es la diacronización de las formas sincrónicas, es decir que lo que observamos en el presente en el nivel **sincrónico**, debe ser analizado en base a cómo el desarrollo cultural concluyó en lo que hoy es. En cuanto al E en la **Antropología**, pensadores como **Tylor**, **Morgan** y Frazer plantearon la existencia de estadios o fases de desarrollo fijos válidos para toda sociedad: salvajismo, barbarie y civilización. El E fue utilizado para justificar la expansión **colonial** del **imperialismo** inglés en el mundo. El E –particularmente la obra de Herbert **Spencer**, quien acuñó el concepto de **darwinismo social**- afirmaba que el **Imperio** constituía la **cultura** superior, la más evolucionada o desarrollada y que por eso debía encargarse de ayudar-controlar-dominar a las culturas que se habían quedado en estadios anteriores de desarrollo. Esta teoría se basa en una **hipótesis** central: todas las sociedades humanas evolucionan en base a la misma secuencia, no hay diferentes caminos evolutivos. Esto es lo que se denomina evolución unilineal: hay sólo una línea evolutiva. El E sentó las bases de teorías posteriores, como el **biologicismo** y el **funcionalismo**.

Evolucionismo social: Ver **darwinismo social**.

Exclusión social: Situación en que un **individuo** se encuentra fuera del **mercado** laboral (**desempleo** de larga duración) y de **consumo**, o en estado de **pobreza**, o sin techo, o sufriendo un conjunto de características de precariedad. La categoría ha sido objetada desde el **marxismo** planteando que los "excluidos" son parte integrante y necesaria del **ejército industrial de reserva** que el **capitalismo** necesita para deprimir el **salario** y debilitar a la **clase obrera**. En la **Argentina**, la ES refiere al proceso de **estratificación** abierto en la década del 1990 que formó un sector poblacional perteneciente a la "**pobre-**

za extrema" o **indigencia**, caracterizada por **trabajo** irregular sin cobertura social, falta de acceso a los **servicios** básicos, bajo **capital** cultural, etc. (Ver también **marginalidad**).

Exogamia: Matrimonio efectuado fuera del **grupo** de pertenencia o **filiación**. Una regla muy importante vinculada a la E -tanto para la **Antropología** como para la **Psicología**- es la **prohibición del incesto**. Opuesto: **endogamia**.

Exógeno: Que se origina o se refiere a una **causa** externa. Opuesto: **endógeno**.

Exogrupos: Grupos que un **individuo** considera ajenos, diferentes y en algunos casos antagónicos con los propios. Por ejemplo, un barra brava de Racing para un barra brava de Independiente o el club de jubilados de su abuelo para un adolescente, son ejemplos de E.

Experimento de campo: Técnica científica por la que se analizan situaciones reales dadas (por ejemplo, la vida de una **empresa**) en las que se controlan y manipulan algunas **variables**. El EDC es un punto intermedio entre el **laboratorio** -propio del **método experimental**- y el **campo** -propio del método no experimental-. Por ejemplo, se mostró que el café disminuye la capacidad de trabajar en grupo por medio de un EDC en el que se manipuló una única variable: la ingesta de café, manteniendo a los sujetos en su contexto de trabajo por lo demás no modificado.

Explosión demográfica: Rápido incremento de la **población** de una región. Entre las causas de la ED están las mejoras sanitarias y alimenticias. Sin embargo, y contradictoriamente, los países con mayor **densidad de población** mundial son los **países subdesarrollados**.

Explotación: Relación en la que una de las partes sale ganando a costa de la otra. **Marx** establece que la **E del hombre por el hombre** obedece a determinadas **relaciones de producción** de carácter histórico, basadas en la **división del trabajo**, la **propiedad privada de los medios de producción** y la formación de **clases sociales** antagónicas. En el capitalismo, la E se concreta en el **trabajo excedente**, aquella parte del **trabajo** que el **obrero** realiza en forma gratuita para el **capitalista**. Lo que el **marxismo** impugna no es el maltrato laboral o una **salario** bajo sino la relación social del **trabajo asalariado** en sí, considerando que el capitalista le roba al obrero: éste crea un **valor** y no recibe nada a cambio.

Explotación del hombre por el hombre (Karl Marx): Apropiación de los **productos** del **trabajo** ajeno. La EDHPH se da en las **sociedades** donde existen las condiciones materiales para que una **clase social** propietaria de **medios de producción** pueda explotar a una clase no propietaria: por ejemplo, **esclavismo**, **feudalismo**, **capitalismo**.

F

Facilitación (Harvard Allport, 1918): Influencia que ejerce el **grupo** sobre un **individuo** con el fin de que éste internalice un **rol**.

Familia: Conjunto de **géneros** con características comunes y lazos ideales de consanguinidad, alianza y/o descendencia.

Familia: Según la definición de **Aristóteles**, es toda **comunidad** constituida por naturaleza. Para **Hegel**, es el espíritu inmediato o natural, a ser superado por la **sociedad civil** y especialmente por el **Estado**. En **Lévi-Strauss**, la F se origina en el **matrimonio**, se forma de éste más los hijos y otros parientes cercanos y está unida por vínculos económicos, legales, religiosos, psicológicos y amorosos, estructurándose a partir de la **prohibición del incesto**. En la **historia** hay una multiplicidad de modelos familiares, como las F patriarcal, matriarcal, monogámica, poligínica, poliándrica, **monoparental**, **nuclear**, **ampliada**, etc. En la moderna **Sociología**, la F es el elemento clave de la llamada **socialización primaria**.

Familia ampliada: **Grupo** familiar compuesto por padres e hijos pero a los que se suman otros parientes que comparten un mismo techo e igual alimentación y **educación**. Se opone al concepto de **familia nuclear**.

Familia compuesta: **Familia** formada por un hombre, varias esposas y sus hijos.

Familia conjunta: **Familia** formada por varios hermanos y sus respectivas esposas e hijos.

Familia extendida: Ver **familia ampliada**.

Familia matriarcal: Ver **matriarcado**.

Familia monoparental: **Grupo** familiar en el que los hijos viven con uno solo de sus padres.

Familia nuclear: En general, es el **grupo** familiar compuesto por dos adultos y sus hijos. En particular, la FN es el **modelo** de **familia** de la **sociedad** industrial occidental en el siglo XX: la FN estaba formada por el padre que trabajaba afuera, la madre ama de casa y dos hijos menores. A veces también llamada "familia tipo" (aunque es un caso de ésta), se opone al concepto de **familia ampliada**.

Familia patriarcal: Ver **patriarcado**.

Familia tipo: Forma de organización familiar que predomina en una **sociedad** determinada. Por ejemplo, en la sociedad occidental moderna la FT se identifica con la **familia nuclear**.

Fanon, Franz (1925-1961): Pensador nacido en el territorio de Martinica, propiedad de **Francia**. Denunció al **colonialismo** francés y a la opresión racial y nacional y luchó por la **liberación** de Argelia, pregonando en sus escritos la violencia revolucionaria. Sus obras influyeron en las **guerrillas** de las décadas de 1960 y 1970.

Feminismo (siglo XIX ›): Doctrina y **movimiento social** de liberación de la mujer surgido en el contexto de la **Segunda Revolución Industrial** en los países capitalistas desarrollados (antecedente: la *Declaración de los Derechos de la Mujer y de la Ciudadana*, de Olimpia des Gougues, 1791). Entre sus principales reclamos, el movimiento feminista impulsó la igualdad con el hombre –por ejemplo en el campo laboral y del **sufragio**-, el **derecho** a la propia **sexualidad** –incluyendo el lesbianismo-, el derecho al divorcio y al aborto, el cuestionamiento del modelo patriarcal, entre otros. En el F se advierten tres grandes tendencias: hay un F **liberal**, que plantea que la opresión de la mujer se debe al mantenimiento de una **cultura** y **educación** tradicionales que impiden a las mujeres llegar al éxito en la **sociedad** capitalista y que sostiene que la igualdad puede lograrse por medio de **leyes** y reformas. Los grupos feministas **radicales** sostienen que la lucha entre los sexos es la principal forma de opresión y han optado por una lucha en soledad ante el temor de que sus objetivos se diluyeran en organizaciones más amplias. Los grupos que tendieron a asociarse a otros sectores en general se unieron a **partidos socialistas**, planteando un F **clasista** y anti-capitalista, afirmando que la liberación de la mujer está ligada a la destrucción del **capitalismo**. Al finalizar la **Segunda Guerra Mundial**, el F se constituyó en uno de los más importantes **movimientos sociales**. Desde entonces, ha cobrado especial importancia el concepto de **género**.

Fijismo: Teoría creacionista, dominante en la **Edad Media** que considera que todos los animales y plantas que están sobre la Tierra fueron creados por Dios. El F plantea la creación independiente de cada una de las **especies**, su inmutabilidad y no innovación y una única y primera aparición espontánea de todas ellas en el espacio y el tiempo. Fue **refutada** posteriormente por **Lamarck** y **Darwin**, quienes plantearon que una especie se origina en otra preexistente, con similitudes morfológicas que reflejan una relación parental estrecha.

Filiación: Vínculo de una persona con una **familia, clan** o **grupo.** Hay tres tipos posibles de F: F **matrilineal**, F **patrilineal** y F **bilateral.**

Filiación bilateral: Ascendencia que va desde ambos padres a los abuelos, de éstos a los bisabuelos, etc.

Filiación matrilineal: Ascendencia que va de la madre a la abuela, de la abuela a la bisabuela, etc.

Filiación patrilineal: Ascendencia que va del padre al abuelo, del abuelo al bisabuelo, etc.

Filogenia: Ciencia que estudia la **genealogía** de las **especies.**

Filología: Disciplina que estudia las **lenguas** en su relacion con la **Historia** y la literatura. Se propone la búsqueda del **significado** original de un texto, es decir: en el **contexto** social y cultural en que éste se produjo. En su combinación con otras disciplinas (**Sociología**, **Antropología**, Historia), han surgido algunas corrientes vinculadas a la **hermenéutica** (ver). A su vez, tanto la **lingüística** contemporánea de *raigambre* saussureana como el **análisis del discurso** no la consideran una disciplina propiamente lingüística.

Folclore: Ver **folklore.**

Folklore: Del inglés *folk* = **pueblo** y *lore* = tradición). Conjunto de tradiciones, **costumbres**, creencias, **valores**, leyendas y arte de un **pueblo** o **etnia**. El **término** fue creado por W. J. Thoms en 1846. Disciplina dentro del campo de las **Ciencias Sociales** y antropológicas, que se ocupa de ciertas formas de la **cultura popular**, particularmente de la cultura de **grupos** subalternos, no **urbanos**, anteriores a la expansión del **capitalismo**, y por los usos, costumbres, bailes, ceremonias, creencias, romances, refranes, etc., de los tiempos antiguos sobrevivientes en el **pueblo**. El F generalmente es anónimo y se transmite por vía oral, constituyendo la base de lo tradicional de una región. Su transmisión es generalmente oral y sus creaciones son de carácter anónimo.

Formación social (marxismo): Estudio de la combinación histórico-concreta de los modos de producción que coexisten en una **estructura social**, entre los que uno es el elemento dominante y el resto son los residuos de épocas anteriores. Por ejemplo, en el modo de producción **capitalista** actual encontramos residuos del **modo de producción** artesanal. Algunos autores ven a la FES como al conjunto social que agrupa el modo de producción, las **relaciones de producción**, las **fuerzas productivas** y las diversas partes de la **superestructura** –política, ideológica, cultural, etc-.

Fósil: Cualquier evidencia orgánica de **eras geológicas** del pasado, tales como huellas, huesos, dientes, etc., que han sufrido un proceso de **fosilización**. Esto significa que se han conservado llegando hasta nuestra era.

Fosilización: Petrificación de elementos orgánicos –que poco a poco se mineralizan-. Conservación de restos de seres vivos en las rocas de la corteza terrestre. (Ver **fósil**).

Foucault, Michel (1926-1984): Filósofo francés. Desarrolló estudios en campos diversos como el **poder**, la locura, la **sexualidad**, las prisiones (sostuvo que la **sociedad** se basa en el **modelo** carcelario del **panóptico**), etc, introduciendo **conceptos** novedosos en áreas como la **Ciencia Política** y la **Historia**. Influido por **Nietzsche**, sostuvo que la **verdad** no existe, sino que es definida en cada época estableciendo un **discurso** dominante que produce ciertos **saberes** y ciertas relaciones de poder, las cuales permiten pasar del castigo a la vigilancia, de ésta a la **disciplina** y finalmente a la auto-disciplina. Aunque se lo ubica dentro del **estructuralismo** por el énfasis que pone en subordinar al **individuo** a las determinaciones de las "redes del poder", su énfasis en el desarrollo histórico de esas redes y relaciones invitan a ser más cautos. Sí es claro su distanciamiento del **humanismo** de **Sartre**: Foucault no ve como éste la posibilidad de que el individuo pueda liberarse de las cadenas que lo atan; puede resistir, sí, pero la resistencia también está prevista por el **sistema** de **dominación**. El acento de su **teoría** no está en el hombre sino en las cosas que lo oprimen y condicionan. Entre sus obras principales encontramos a: *Vigilar y castigar. El nacimiento de la prisión* (1965), *Las palabras y las cosas* (1966), *La verdad y las formas jurídicas* (1976) y *La microfísica del poder* (1978).

Fracciones de clase: Subdivisiones dentro de una **clase social**. Por ejemplo, en la **Argentina** la **burguesía** puede dividirse en **burguesía rural, burguesía industrial, burguesía comercial** y **burguesía financiera**. A su vez, al interior de una FC podemos encontrar subgrupos: por ejemplo, en la burguesía industrial existen los grandes industriales y las **fábricas** medianas.

Fratría: Unión de varias *gens* o **clanes**, por lo general con un *tótem* en común. Varias F forman una **tribu**.

Fuerza de trabajo: Conjunto de facultades físicas, mentales y de **energía** humana dispuesto para la **producción** de riqueza. Para la **economía** ortodoxa, la FT es la parte de la **población** en condiciones de producir, formada por aquellos en edad de trabajar. Incluye a ocupados y desocupados y también se le llama **población activa**. Para el **marxismo**, en la sociedad **capitalista** la FT es una **mercancía** que presenta la peculiaridad de crear un **valor** mayor (**plusvalía**) al que ella misma posee (y cuyo **precio** es el **salario**). El valor de la FT está determinado (al igual que cualquier otra mercancía) por la cantidad de **bienes** necesarios para su subsistencia y reproducción (alimentación, vestimenta, **educación**, etc).

Fuerzas productivas (marxismo): Suma de los recursos productivos capaces de producir **valor** con los que cuenta una **sociedad**. Son FP la **fuerza de trabajo**, los **medios de producción**, la **técnica** y los instrumentos de **trabajo**. Las FP expresan la relación del hombre con la naturaleza y abarcan también las condiciones naturales, la **división del trabajo social**, así como el territorio y la **población**. La articulación de las FP con las **relaciones de producción** –el régimen de **propiedad** y la **estructura** de **clases** de una **sociedad**- forman la base de un **modo de producción**. Cuando **Marx** habla del "desarrollo de las FP", esto significa que el hombre logra dar un paso en su dominio sobre la naturaleza, que le permite producir más, en menos tiempo, con menor esfuerzo y mejor calidad. Por ejemplo, usar una piedra para golpear, una **técnica** nueva para sembrar, la aparición del tractor, la máquina de vapor, la computación, son todos ejemplos del desarrollo –en distintas épocas- de las FP.

Función (funcionalismo): Papel o **rol** que juega una parte en el mantenimiento y reproducción de un todo. Actividad que satisface las necesidades de un organismo, biológico o social. Contribución de cualquier aspecto social o cultural para la supervivencia, persistencia, integración o estabilidad de la **sociedad** como un todo. B. **Malinowski** la definió como la satisfacción de necesidades por medio de una actividad en la cual los seres humanos cooperan, usan utensilios y consumen **mercancías.** Así, la visión **funcionalista** pone el énfasis en la adaptabilidad de las **instituciones** al contexto social. Según M. **Harris**, es el modo en que contribuyen en el mantenimiento, **eficiencia** y **adaptación,** las ideas, pautas de conducta y artefactos de un **sistema** cultural. **Merton** distinguió la **F manifiesta** de la **F latente** y opuso la F positiva (**eufunción**) a la **disfunción** o F negativa (ver).

Función latente: Ver **funciones latentes.**

Función manifiesta: Ver **funciones manifiestas.**

Función social (funcionalismo): El concepto apareció por primera vez en *Las reglas del método sociológico,* de **Durkheim,** para quien los **fenómenos** deben ser vistos en términos de interconexiones de funcionamiento y no como unidades separadas. La **función** está ligada a las consecuencias **objetivas** observables de los fenómenos sociales, tales como pautas culturales, **instituciones, roles,** *status* y relaciones sociales. Cualquier regularidad o "ítem estandarizado" (pautado y repetitivo), puede ser sometido a análisis funcional.

Funcionalismo (Inglaterra / EE.UU., 1920 →): Corriente de la **Sociología** y la **Antropología** surgida en el marco del **proceso** colonizador europeo. Como reacción frente al **evolucionismo** y con influencias del **biologicismo,** el F estudia a la **sociedad** como a una **estructura** orgánica integrada o unidad funcional, donde todas las **instituciones** existen porque cumplen y satisfacen una **función.** En el **sistema** social, los objetivos se materializan en relación con determinadas funciones: de adaptación, logro de metas, mantenimiento de pautas de intervención interna e integración. Esta corriente desecha todo análisis histórico y postula la construcción de una **ciencia** social **positivista.** En el F se distinguen tres etapas: el F antropológico (**Radcliffe-Brown** –vinculado al **estructural-F-** y **Malinowski** –más ligado al F cultural-), y las sociologías de **Parsons** (referente también del estructural-F), **Merton** (**funciones manifiestas** y **funciones latentes**) y Davis (teoría funcional de la **estratificación social**), tomando además elementos de la **Psicología** de la *Gestalt.* El F ha estado asociado a una visión **conservadora** de la sociedad, especialmente fuerte en **EE.UU.** Entre sus ideas principales se encuentran: el planteo de que los **fenómenos** sociales se entienden desde el punto de vista de la funcionalidad, que esos fenómenos pueden clasificarse por medio de regularidades y leyes y la utilización del **método comparativo** y el **inductivo** en la búsqueda de leyes que tiendan a **generalizaciones** (denominado generalización por comparación). Radcliffe-Brown entiende a la **estructura social** como una ordenación de individuos en relaciones definidas y hace referencia a una ordenación de actividades, dónde cada **individuo** cumple un papel o **rol.** Así, las relaciones sociales están definidas por el proceso social y en toda relación social las personas están determinadas por **normas** o reglas que tienen como objetivo el mantenimiento del orden en la vida social. Parsons plantea que el sistema cuenta con los mecanismos necesarios para restablecer el **equilibrio,** que no peligra mientras no se cuestionen sus valores inherentes. Parsons entiende al hombre como un ser vacío el cual es "llenado" por la sociedad. Entonces, el hombre es completamente social y el conflicto entre él y la sociedad es mínimo (fenómeno llamado **disfunción,** que desarrollará Merton). Desde la Sociología Política, S. Lipset desarrolló la cuestión de la **legitimidad** y la **legalidad** como bases de la estabilidad de las **democracias** occidentales, mientras que D. Bell analizó lo que dio en llamar el "fin de la **ideología**".

Funcionalismo cultural (Bronislaw Malinowski): Explicación de la existencia de la **cultura** como respuesta a las necesidades del **sistema** social, como **función** de satisfacer esas necesidades, sean básicas (por ejemplo, alimento) o derivadas (por ejemplo, **religión**).

Funcionalismo estructural: Ver **estructural-funcionalismo.**

Funciones latentes (Robert Merton): Categoría de la **sociología funcionalista** que define a las funciones que son el resultado de acciones inconscientes por parte de los **actores sociales.** Por ejemplo, compramos ropa para identificarnos con un **grupo social** (*hippie*, punk, ejecutivo, deportivo, etc) y diferenciarnos de los demás grupos. Como plantea **Merton,** el análisis de las FL que cumplen "pautas sociales aparentemente irracionales", como la **magia** o la superstición, hace posible explicar su permanencia. Y lo mismo para pautas reprobadas como la prostitución, el juego o la **corrupción**; si están y se mantienen es porque cumplen alguna **función,** probablemente latente (se las identifica también como "consecuencias no queridas"). Opuesto: **funciones manifiestas.**

Funciones manifiestas (Robert Merton): Categoría de la **sociología funcionalista** que define a las **funciones** que los **actores sociales** conocen y procuran realizar. Son FM las consecuencias **objetivas** para la **sociedad** o cualquiera de sus partes que son "queridas y reconocidas" por las personas implicadas. Por ejemplo, compramos ropa para protegernos. Opuesto: **funciones latentes**.

G

Género: Mínimo grupo de **especies** que reúnen características comunes. Por ejemplo: *homo* es el G de las especies *homo sapiens, homo erectus y homo hàbilis* (éstas últimas extintas).

Género: Construcción social que determina lo que corresponde a "lo femenino" y "lo masculino". A diferencia del **sexo** –que es algo estático y natural-, el G hace referencia así, a atributos y **roles** sociales históricos y cambiantes, que determinan determinadas relaciones de **poder** jerárquicas de **dominación**. Es uno de los conceptos fundamentales del **feminismo**.

Genocidio: Asesinato masivo o **exterminio** físico de **grupos** nacionales, de **clase**, étnicos, raciales o religiosos. La **ONU** define al G como una matanza y persecución colectiva. Por ejemplo, se calcula que la conquista de **América** asesinó a casi cien millones de personas.

Gens: Organización social primaria basada en la gen o grupo consanguíneo. Conjunto de varias **familias**, unidas por un antepasado común. Varias G forman una **fratría**. Las G fueron el núcleo social de Grecia y Roma antiguas.

Gentilicio: Perteneciente a la gente, la **Nación**, el **linaje** o la **familia**. Por ejemplo, "español" es el G de **España** y "puntano" el de los nacidos en San Luis.

Geografía humana: Rama de la Geografía que estudia la distribución del hombre sobre la Tierra, las actividades que desarrolla y sus relaciones con el **medio ambiente**.

Ghetto: **Territorio** donde es confinado un **grupo** (racial, religioso, profesional, minorías nacionales, etc) al que no se le reconoce **derecho** a residir en otra parte y que debe soportar diversas humillaciones y vejaciones. Así, existieron G en algunas ciudades italianas **medievales** y en la **Alemania Nazi**, con los G **judíos** (siendo el más conocido el G de Varsovia, con trescientas cincuenta mil personas). En la actualidad, existen minorías discriminadas que residen en G de hecho, como es el caso de Harlem, el G negro de Nueva York.

Godelier, Maurice (1934 →): Antropólogo francés, se especializó en el estudio de las economías no **capitalistas**, bajo la influencia del **marxismo estructuralista**. Entre sus obras principales encontramos a: *Racionalidad e irracionalidad en Economía* (1966).

Gratificación (funcionalismo): Mecanismo que premia los comportamientos socialmente esperados que reproducen el **equilibrio social**.

Gregario: Dícese del que busca agruparse con otros de su misma **especie.**

Grupo: Según la **Psicología social,** un G tiene las siguientes características: a) tiene un espacio y tiempo determinado, b) para que haya G debe producirse intercambio y comunicación entre sus miembros, c) sus miembros tienen conciencia de intereses comunes entre ellos y un fin en común. Para **Pichon Rivière,** el G es una **estructura** de acción, una estructura de operación. Didier Anzieu distingue entre **grupo primario, grupo secundario, banda, muchedumbre** y **agrupamiento.** Robert **Merton** distingue los **grupos de pertenencia** y los **grupos de referencia.**

Grupo de pertenencia: Ver **grupos de pertenencia.**

Grupo de presión: Ver **grupos de presión.**

Grupo de referencia: Ver **grupos de referencia.**

Grupo de *status*: Ver *status.*

Grupo étnico: Ver **etnia.**

Grupo primario (Didieu Anzieu): Grupo humano con un número pequeño de miembros, donde cada uno de ellos es reconocido por los otros como ser individual (relación cara a cara) y estas individualidades se fusionan en un todo común, en un marco de gran comunicación inter-individual (frente a frente).

Persiguen de modo activo y en común los mismos **objetivos** asumidos como objetivos del grupo, pero que para cada uno tienen un valor particular. En el GP existe cierto orden o estructuración, donde cada miembro ocupa un **rol** diferenciado. El grupo pequeño constituye **normas,** signos, creencias y **ritos** propios (por ejemplo, **lenguaje** y **códigos** del grupo). Se trata de un "nosotros" que surge espontáneamente, lo cual implica sentimientos de simpatías e identificaciones mutuas que aportan al **individuo** una experiencia primitiva de lo que es la unidad social. La familia es un ejemplo típico de GP, en cuanto a los intercambios afectivos intensos que se producen, la identidad que dentro de ellos se obtiene, los roles diferenciados, las prosecuciones de fines comunes. Otros ejemplos: la brigada, el bando, la barra de amigos, el **clan,** el colegio, la comisión, la **comunidad,** la secta, el cuerpo, el equipo, el núcleo, el tribunal, etcétera. Ver también **grupo secundario.**

Grupo secundario (Didieu Anzieu): Organización o **sistema** social que funciona regido por **instituciones** (jurídicas, económicas, políticas, etc) dentro de un segmento particular de la realidad social (**mercado,** administración, deporte, **investigación** científica). Por ejemplo, una **empresa** industrial, un hospital, una escuela, un **partido político,** son GS. Poseen un conjunto de **estructuras** de funcionamiento con tareas en común que rigen las interrelaciones entre las partes que las componen (servicios, talleres, comités), determinando los **roles** de las personas. En el GS, las relaciones entre los **individuos** son más distantes e indirectas; por lo general, formales, frías e impersonales, es decir, relaciones puramente **objetivas** y funcionales, mediadas por **símbolos**. Las acciones comunes son importantes y planificadas porque hay elevada conciencia de las metas. Se componen por lo general de un gran número de personas y son duraderos. Ver también **grupo primario**.

Grupo social: **Grupo** de personas unido por determinadas relaciones sociales. Cuando en un GS esas relaciones se estructuran en torno de lealtades y afectos personales se trata de un **grupo primario** (por ejemplo, la **familia** o las amistades), mientras que si lo que predomina es el agrupamiento formal como medio racional para alcanzar determinados fines comunes, hablaremos de **grupo secundario** (por ejemplo, una **empresa** o un **partido político**). Otra clasificación refiere a las categorías de **endogrupos** y **exogrupos**.

Grupos de interés: **Grupos** unidos en base a un fin determinado y que tienen opiniones comunes. Hay tres tipos de GI: **grupos de tensión, grupos de presión** y **grupos de poder**, todos formados en torno a un interés común de sus integrantes y actuando en relación con el **poder** político, pretendiendo participar en éste a través de la influencia o la decisión. Los grupos que se limitan a solicitar quedan excluidos de los GI. Los GI actúan como grupos de presión cuando actúan sobre los órganos gubernamentales para obtener una decisión **política** concreta favorable a sus intereses económicos. Y pasan a ser **factores de poder** cuando gravitan sobre la **estructura** gubernamental, en lo que se llama **gobierno invisible**.

Grupos de parentesco: Según M. Harris, es el conjunto de **individuos** que se relacionan entre sí a través de lazos de **consanguinidad, filiación** o **matrimonio**.

Grupos de pertenencia (Robert Merton): **Grupos** de los que un **individuo** forma parte con regularidad. Se comparten rasgos, valores, convicciones, costumbres, etc., que producen identificaciones entre los integrantes, desarrollándose sentimientos de pertenencia. Por ejemplo, una banda de adolescentes.

Grupos de poder: **Grupos** que se instalan en el **poder** estatal aunque no visiblemente, tomando decisiones o participando en ellas y cuya actividad va más allá del simple ejercicio de la influencia sobre los órganos estatales (que sería el caso de los **grupos de presión**), ya que adoptan por sí decisiones político-estatales. Su dinámica consiste en colocar personeros en puestos claves de decisión del **Estado**, por ejemplo, cuando el presidente de una **empresa** se transforma en **Ministro** del **gobierno**. Todo esto ocurre al margen de la representación popular. Así, el interés **público** queda atrapado en el interés

privado. Son ejemplos de GP una liga, **asociación**, compañía, etc.

Grupos de presión: Grupos de interés que aspiran a obtener decisiones favorables a sus intereses por parte del **gobierno** coaccionando o presionando directamente sobre el **poder**, aunque dentro de los marcos legales (como es el caso del *lobby*; cuando no lo hacen, se convierten en **grupos de tensión**). A diferencia del **partido político**, el GP no tiene la pretensión de gobernar (aunque pueden convertirse en **factores de poder**, como las **FF.AA.** o la prensa). Otros autores los distinguen también de los partidos políticos porque –según su visión– los GP expresan intereses sectoriales y los partidos políticos tienen planteos dirigidos a toda la **sociedad**. Sin embargo, la vinculación económica y social de los partidos políticos con determinadas **clases** y **grupos** sociales debilitan esta distinción. Los GP pueden ser organizaciones espontáneas (como el caso de una protesta barrial para la colocación de un semáforo), pero en general se institucionalizan y organizan, como sucede con los **sindicatos** y organizaciones empresariales, las **Iglesias**, centros culturales, **movimientos sociales**, etc.

Grupos de referencia: Grupos a los que un **individuo** desearía pertenecer. Según la definición establecida en la década de 1940 por Hyman, **Merton** y Shibutani, "colectividad cuyas opiniones, convicciones y **métodos** de **acción**, resultan decisivos para la formación de nuestras propias opiniones, convicciones y métodos de acción." A veces, el GR es definido como el grupo en el que ya participa un individuo (una pandilla juvenil, un grupo rockero, una barra brava, un grupo de estudio, una secta religiosa, un **partido político**), compartiendo cierto **lenguaje**, cierta vestimenta, ciertos **códigos**, ciertos **valores**, ciertos gustos artísticos, etc. En este caso, el GR se identifica con el **grupo de pertenencia**.

Grupos de tensión: Grupos que intentan participar en el **sistema político** mediante **acción** indirecta, con distintos niveles de violencia, en una situación de fricción frente a la **legalidad**, incrementando la tensión social.

Guerra de todos contra todos (Thomas Hobbes): Situación en la que se encuentra el hombre en el **estado de naturaleza**, donde cada uno lucha por su vida en forma egoísta y está dispuesto a matar a los demás para ello. **Hobbes** plantea que con el fin de salir de ese estado de **guerra** permanente y poder convivir, los hombres deben firmar un pacto a través del cual delegarán en un soberano absoluto todos sus derechos, dando origen a la **sociedad** y al **Estado**.

Gueto: Ver *ghetto.*

H

Hábitat: Área geográfica o **medio ambiente** en el que desarrollan su vida una **raza** o **grupo** humano o una **especie** vegetal o animal.

Habituación (Peter Berger y Thomas Luckmann): Acto que se repite con frecuencia y que crea una pauta que luego puede volver a ejecutarse (reproducirse) en el futuro de la misma manera. La H precede a toda **institucionalización**: ésta aparece cada vez que se da una **tipificación** recíproca de acciones habitualizadas.

Habitus **(Pierre Bourdieu): Costumbres.** Conjunto de disposiciones que hacen que una persona tenga internalizada una forma social de actuar. Cada una de las **estructuras subjetivas** de una **sociedad.** El *H* es lo social inscripto en el cuerpo, la **internalización** de las estructuras **objetivas** por parte de los **agentes**, las cuales modelan el *H* de éstos dándoles cierta visión del mundo. El *H* -generado por las estructuras objetivas- genera prácticas individuales y da a las conductas de los **sujetos** ciertos esquemas básicos de **percepción**, de pensamiento y de acción. Es el punto de conexión entre la **historia** social y la de cada **individuo**. Opuesto: **campo**.

Hacinamiento: Cantidad excesiva de habitantes por cuarto o por hogar, con consecuencias negativas sobre la salubridad y la *psiquis* de sus integrantes.

Por lo general, se considera que hay H en los hogares que tienen más de tres personas por habitación.

Hall, Stuart (1932 →): Teórico cultural y sociólogo jamaiquino. Figura descollante del campo de los estudios culturales británicos, H ha dirigido entre 1964 y 1974 el Centro de Estudios Culturales Contemporáneos de la Universidad de Birmingham. Trabajando habitualmente en la reformulación y expansión de conceptos sociológicos, semiológicos, lingüísticos y del **marxismo**, H analizó la **cultura** como un **proceso** significativo y primordial de las sociedades históricas concretas. Sus **objetos de estudio** incluyen fenómenos tan diversos y puntuales como las **subculturas** juveniles, la representación de las diferencias de **clase** y de **género** sexual, la participación e incidencia de los **medios masivos de comunicación** en los procesos de la **hegemonía política**, etc.

Hechicería: Poder mágico que se considera que un **individuo** tiene no por naturaleza sino porque lo ha aprendido.

Hecho social (Émile Durkheim): Forma de actuar, pensar y sentir **objetiva**, colectiva y exterior a la conciencia individual, que impone pautas de **conducta** a los individuos. El HS tiene además un **poder de coerción** y **sanción** para todo aquél **individuo** que se resista a obedecerlo (por ejemplo, una condena **moral** al adulterio, una condena material a un **delito**, modas, **costumbres**, etc.), poder de coerción que es social ya que su base es lo colectivo, la **conciencia colectiva**. La **coacción** social que fuerza al individuo a actuar de determinada manera tiene formas específicas de manifestación, a través de la **estructura** institucional de la **sociedad**. La **estructura social** define, a través de costumbres, **normas** y **leyes**, los límites del comportamiento social posible. Para **Durkheim**, las relaciones entre los individuos son de cooperación y lo son no por su voluntad, sino porque la sociedad necesita que así sean para sobrevivir y reproducirse. El HS no es un **fenómeno** ni un **proceso** orgánico o psíquico. Descartando toda injerencia de los **sujetos**, Durkheim plantea que **los hechos sociales deben ser tratados como cosas.**

Hecho social (funcionalismo): Resultado de la exteriorización del **ser** social del **individuo** para satisfacer sus necesidades.

Heterogénesis: Ver **teoría de la generación espontánea.**

Hierro: Ver **Edad del Hierro.**

Historia de vida: Entrevista que utiliza una **técnica** de recolección de **datos** cualitativa, donde lo que se busca es reconstruir experiencias pasadas del entrevistado con el fin de darles un **significado.**

Hobbes, Thomas (1588-1679): Filósofo **empirista** inglés y uno de los más importantes representantes del **contractualismo**. H fue testigo de la **revolución** de **Cromwell** a mediados del siglo XVII, y del **regicidio** de **Carlos I**. Sus objetivos se orientaban a evitar la **guerra civil** –como objetivo estratégico– y defender la **monarquía absoluta** –como instrumento–. Para H, el **estado de naturaleza** es un estado pre-político, antisocial y egoísta, con un hombre guiado por su instinto de conservación, lo que lo lleva a una **guerra de todos contra todos.** El **contrato social** se firma para salir de ese estado de sumo peligro y por su intermedio los hombres delegan todos sus derechos en el **Estado** (el *leviatán*), quien se encargará a partir de entonces del orden y tendrá la **soberanía** o autoridad única e indiscutible. H -en su argumentación en favor del **despotismo** monárquico- eliminó todo rastro de pensamiento religioso y no tomó en cuenta elementos económicos. Consideró a lo político como el ámbito del **poder** y el orden, en contraposición al estado de naturaleza, identificado con la **anarquía** y el caos. En el plano filosófico, H se basaba en una concepción **determinista** y **mecanicista** de la **ciencia**, planteando la elaboración de un **modelo** mecánico del universo, centrado en el movimiento y la **geometría euclidiana**. En su **teoría**, los propios **individuos** que determinan mecánicamente a la **sociedad civil**, están a su vez mecánicamente determinados. Obra fundamental: *Leviatán* (1651).

Holoceno (10.000 a.C. →): Período de la **historia** en que surgió el hombre moderno, también llamado **Aluvial.** Se caracteriza por el aumento de la temperatura y la humedad y el reordenamiento de la fauna y la flora que afectó a las **sociedades cazadoras-recolectoras**, algunas de las cuales introdujeron novedades en la **explotación** de recursos agrícolas –trigo, cebada, maíz, semillas-. Sucedió al **Pleistoceno** y es la época actual del llamado período **Cuaternario.**

Hombre: Mamífero que pertenece al orden de los **primates** catarrinos, dentro de éstos a la familia de los **homínidos** y al suborden de los **antropoides.**

Hombre de *Neanderthal*: Ver *Homo Neanderthalensis* y *Homo Sapiens.*

Hombre económico: Ver *Homo economicus.*

Hombre primitivo: Concepto de la **Antropología**, de contenido **etnocéntrico.** F. **Boas** definió al HP como el perteneciente a "Los **pueblos** que tienen una modalidad de vida simple y uniforme, cuya **cultura** presenta una forma y contenido pobres e incongruentes desde el punto de vista intelectual." Para E. **Tylor**, el HP representa reliquias de estadios anteriores de la existencia humana.

***Hominidae*:** Nombre de la **familia** del **hombre** que incluye a sus antepasados más antiguos. En el **registro fósil** de la evolución humana tenemos una familia de **homínidos** que se llama H, que incluye dos **géneros**, el género *Australopithecus* y el género *Homo.* Cada uno de estos géneros incluye a su vez un conjunto de **especies** (por ejemplo, *Australopithecus afarensis* y *Homo Habilis*).

Homínidos (25.000.000-200.000 a.C.): **Primates** antepasados de la **raza** humana y el **hombre** mismo. Características centrales: **bipedismo** y cráneo grande. Se independizó de los póngidos a principios del **Mioceno.**

Hominización: Proceso histórico de conformación de la **especie** humana. El orden de los **primates** se separó del resto de los mamíferos hace setenta millones de años. Hace cuarenta millones de años se produjo la radiación del suborden antropoidea, y de allí la división de los monos del nuevo mundo –platirrinos- de los catarrinos, que se subdividieron en dos superfamilias: *cercopithecoidea* y *hominoidea.* La radiación de los hominoidea originó los póngidos y **homínidos** hace veinticuatro millones de años. Hace ocho millones de años se separaron el hombre y el chimpancé, y hace cuatro se formó la familia homínida. En base a hallazgos se determinaron nuevas especies: los *Australopithecus Afarensis, Africanus, Boisei* y *Robustus.* Trescientos mil años después del *Homo Habilis* (encéfalo desarrollado, bípedo), surgió el *Homo Erectus* (robusto, cráneo de 800 cm³), esto hace un millón y medio de años. En los últimos trescientos mil años aparecieron el *Homo Sapiens Neanderthalensis,* el *Homo Sapiens Arcaico* y el *Homo Sapiens Sapiens* (que es el hombre actual).

***Homo*:** Dícese de las **especies** de **homí-**

nidos más evolucionadas.

Homo economicus: Prototipo de hombre pensado por la teoría **neoclásica**. El HE es un **individuo** aislado que busca el mayor **beneficio** con el menor **costo**.

Homo Erectus (1.800.000-250.000 a.C.): Una de las **especies homo**, del **Pleistoceno**, el primero de nuestros antepasados que emigró del continente africano hacia Asia y Europa. Estas especies *homo* tenían un cráneo de alrededor de 700-1.200 cm³ (más grande que el del *Homo Habilis*) y sus mandíbulas y dientes eran más pequeños que los de los *Australopithecus*, con una altura en el macho de 1,55 mts. Probablemente haya tenido alguna forma de comunicación o **lenguaje** rudimentario, aunque no hilvanaba palabras. El HE realizó herramientas más elaboradas, como hachas de mano, instrumentos para cortar, machacar y golpear, que evidencian mayor inversión de energía y tiempo que las especies *homo* anteriores en la confección de instrumentos. Conocían también el fuego. Primer hallazgo: Java, 1890 por Eugène Dubois.

Homo Ergaster (1.800.000-1.500.000 a.C.): Una de las **especies homo**. Posiblemente de esta especie se haya originado el *Homo Erectus*, hace 1,8 millones de años. Junto con el *Homo Habilis* y el *Homo Rudolfensis*, fabricaron las herramientas más antiguas que se conocen, que son trozos de rocas. Hallado en Kenia, en 1975.

Homo faber: Categoría acuñada por Henri Bergson que señala al **trabajo** como la actividad distintiva de la **especie** humana. El HF es el **artesano**, el fabricante de herramientas.

Homo Habilis (2.400.000-1.600.000 a.C.): La primera **especie** del **género** humano surgió en África Oriental. Este primer **ancestro** se unía en pequeños **grupos**, apropiándose de recursos animales y vegetales. Movilidad importante, naciente **división del trabajo**, uso de armas y herramientas de piedra, cohesión del **grupo**, caza y recolección, alimentación con carnes y vegetales, fueron algunas de sus características. Cráneo de 800 cm³ y altura del macho de 1,55 m. Primer hallazgo: Tanzania, 1960, por Louis Leakey.

Homo Neanderthalensis (200.000-30.000 a.C.): Variedad de *Homo Sapiens* arcaico, que comenzó a evolucionar en Europa durante el **Paleolítico** Medio. Poseían un cráneo largo y aplanado, con una capacidad craneal de entre 800 y 1500 cm³, nariz prominente, contextura poderosa, baja estatura (machos, 1,55 m). No eran muy longevos; ninguno parece haber vivido más de 40 años, al parecer porque las actividades que realizaban para sobrevivir eran muy riesgosas. Es probable que los *neanderthales* hayan tenido algún tipo de lenguaje articulado, pero no tan complejo como el nuestro. La capacidad intelectual del **Hombre de Neanderthal** parece haber sido similar a la de los humanos modernos; además, desarrollaron ciertas habilidades artesanales de elaboración de instrumentos con rocas que traían desde grandes distancias. Aparentemente también tuvieron manejo del fuego. Primer hallazgo: Gibraltar, 1848 por J. K. Fuhlrott.

Homo Rudolfensis (**2.400.000-1.800.000 a.C.**): Uno de los *homo* más antiguos, posiblemente el primer miembro conocido. Cráneo de 800 cm³ y altura del macho de 1,55 m. Hallado en Kenia, en 1972.

Homo Sapiens (**350.000-150.000 a.C.**): **Género** biológico y **especie** surgido en el **Pleistoceno** medio, con todos los caracteres humanos actuales: **bipedismo**, gran capacidad del cráneo (más de 800 cm³), dientes pequeños, mandíbulas, frente despejada, altura en el macho de 1,55 m, **lenguaje**, etc. El HS fue denominado **Hombre de** *Neandertal* por el lugar en que fueron descubiertos sus **restos fósiles**. Primer descubrimiento: Hungría 1965, por L. Vértres.

Homo Sapiens **moderno** (**10.000 a.C. →**): En África, hace entre doscientos mil y ciento cincuenta mil años, se originaron los primeros **individuos** con todas las características anatómicas modernas: cráneos más cortos y redondeados, rostro y rebordes supraorbitarios pequeños, mentón prominente y estructura esquelética más liviana. Surgieron en climas de gran aridez, lo que hizo que los recursos alimenticios fueran más escasos y que se necesitara cubrir áreas extensas para poder subsistir. El HSM parece haber desarrollado desde hace trescientos mil años la capacidad del lenguaje articulado y

ésta es una de sus características distintivas (aunque la coincidencia plena con el hombre moderno actual data de unos diez mil años nada más). Con el HS (**"hombre** dotado de inteligencia") surgió lo que denominamos **cultura**; recién ahí encontramos manifestaciones artísticas, de innovación tecnológica, diferencias culturales, creencias religiosas, etc.

Homo Sapiens Sapiens: Ver *Homo Sapiens moderno*.

Horda: **Grupo** o **comunidad** nómade de vínculos rudimentarios, a modo de rebaño, lo que la distingue de la **tribu** o de la **familia**. Por ejemplo, **Freud** y **Nietzsche** utilizaron el concepto de H primitiva para hacer referencia a las primeras etapas de la **sociedad** humana. También, **ejército** irregular.

I

Identidad: Sentimiento que tiene un **grupo** que los lleva a formar un "nosotros".

Identidad: Según el antropólogo Fredrik Barth, lo que define la I es la autodescripción y la adscripción por otros. Es decir, lo que yo creo que soy y lo que los demás creen que yo soy. Esta idea pone el eje en lo relacional. Por ejemplo, lo que define a los indígenas no está determinado por datos objetivos, como podría ser su cultura, sino por representaciones recíprocas y por lealtades morales.

Identidad colectiva: Capacidad de internalizar en los miembros de una **sociedad** ciertos **símbolos** que refuerzan los sentimientos de pertenencia. Coincidencia entre la identidad exterior y la interior.

Idiosincrasia: Forma de ser de una persona o **grupo.**

Imitación (G. Tarde): Conducta que copia comportamientos observados en otros **individuos, grupos de pertenencia** y **grupos de referencia** a los que se toma como **modelos,** en el marco de la **socialización** y el aprendizaje social. La I es clave para la aceptación de las reglas sociales.

Impacto ambiental: Impacto positivo o negativo que produce en un **ecosistema** un determinado **fenómeno** o acción.

Imperialismo (1870 →): Si bien tradicionalmente refirió a la expansión territorial, **política,** cultural y económica de un **imperio** a escala internacional - lo que posteriormente se precisó como **colonialismo-,** con connotaciones geopolíticas o militares, la acepción más específica de este término está ligada a la etapa de **expansión** económica del **capitalismo** a escala mundial, entre mediados y fines del siglo XIX. El inglés J. A. Hobson (*Estudios del imperialismo,* 1902) y luego **Lenin** (*El imperialismo, fase superior del* capitalismo, 1917) postularon la teoría del I, a partir de la categoría de **exportación** de capitales como base del **proceso** de expansión capitalista. Para la visión **liberal** de Hobson, el I es un intento de encontrar nuevos **mercados** de **inversión** cuando la capacidad de **producción** desborda los **mercados** locales, dadas condiciones internas de **concentración del capital,** desigualdad en los **ingresos** y **subconsumo** que fuerzan al **capital** a buscar mercados externos (la posición del subconsumo fue también planteada por la **marxista** Rosa Luxemburgo). Para Lenin (influido por Hilferding), el punto de partida del I –fase superior del capitalismo o **capitalismo monopolista** (ver)- está dado por la caída de la **tasa de ganancia** obtenida por los capitales monopólicos triunfantes en el **mercado interno** (obligados a reinvertir para eliminar a los competidores) y la necesidad de colocar excedentes en otros mercados, lo que confluye con los siguientes factores: a) existe una alta concentración de la producción y del capital, conformando **monopolios,** b) se produce una fusión del **capital bancario** con el industrial, formando el **capital financiero,** c) la exportación de capitales a **países subdesarrollados** supera en importancia a la exportación de mercancías, d) la lucha por los mercados se convierte en la presa a conseguir por asociaciones internacionales de capitalistas (*cartels, trusts*) y, e) se produce una ocupación territorial de todo el planeta por las **potencias coloniales.** En este sentido, la expansión del primer capitalismo en la época

del **mercantilismo** y luego en la **Primera Revolución Industrial** -el **capitalismo de libre competencia**-, no debería
ser encuadrada en la categoría de I, ya
que ese proceso se centró en la exportación de **mercancías** y la conquista de
mercados y no en la exportación de capitales, propia del período que arran-
ca con la **Segunda Revolución Industrial** ya bien avanzada, a fines del siglo
XIX. En la segunda mitad del siglo XX,
la **teoría de la dependencia** renovó los
estudios acerca del I, poniendo el énfasis –no ya en los factores externos- sino
destacando las **estructuras** internas de
las economías de la **periferia** como pro-
piciadoras de políticas imperialistas
por parte de las **multinacionales** provenientes de las economías centrales.

Impronta: Huella, marca que una cosa
deja sobre otra y que permanece en el
tiempo, influyendo decisivamente.

Incesto: Matrimonio o apareamien-
to socialmente no permitido. La **prohibición del I** fue considerada por **Lévi
Strauss** como la madre de todas las reglas y la base para determinar las relaciones de parentesco; es general a todo
grupo social, siendo particular en cada
uno la relación de parentesco y por lo
tanto el vínculo que se prohíbe. El concepto es también fundamental para
comprender el **complejo de Edipo**.

**Incongruencia de *status* (funcionalis-
mo):** Situación en la que un **individuo**
ocupa en la **estratificación social** posiciones no coherentes entre sí. Situación en que se posee algunos atributos sociales –riqueza, **poder, prestigio,
educación**- y se carece de otros. Por
ejemplo, un alto magistrado, un escritor o un graduado universitario pueden tener gran **prestigio** o nivel edu-
cativo pero bajo **ingreso**, mientras que
un usurero puede tener alto ingreso y
bajo prestigio. Muchos individuos pueden tratar de equilibrar estos desnive-
les. Por ejemplo, un nuevo rico tratará
de ser reconocido por los viejos ricos
y para ello imitará la **vida cotidiana** de
éstos, irá a sus reuniones, etc. Cuando
las IS son colectivas, pueden ser fuente de **cambio social**, es decir, la base
de **movimientos sociales** destinados a
cambiar la estratificación social.

Inconsistencia de *status*: En la **Sociología funcionalista**, la IS designa la falta
de certeza acerca de la posición social
que un **individuo** ocupa en la **estratificación social**. Actualmente, un ejemplo
de IS lo constituyen los sectores ligados tradicionalmente al desarrollo de
la **burocracia** estatal, quienes –ante
el retroceso del **Estado**- han pasado a
formar parte de la **clase media** empo-
brecida, en lo que se denomina **zona
de vulnerabilidad**.

Indígena: Ver **indio**.

Indigenismo (América, 1920 →): Conjunto de **políticas** oficiales y gubernamentales hacia los indígenas. El I tiene
como finalidad lograr la integración indígena en al marco nacional y de desarrollo del **capitalismo**. En ese contexto,

se ha acusado a las políticas indigenistas de pretender que el **indígena** se adapte compulsivamente a la **sociedad** oficial y abandone **costumbres** consideradas perjudiciales por ésta (**aculturación**). También existe una variante del I desde el humanismo, postura que reivindica derechos para los indígenas, pero siempre desde afuera de los indígenas mismos. Opuesto: **indianismo.**

Indio (América, 1492 →): Aunque "**Indígena**" es todo aquello oriundo del **territorio** en el que vive (un hombre, un animal o una planta), el concepto quedó ligado al origen europeo de "I", que surge con la **colonización española** para referirse a los **pueblos** colonizados de las más diversas **razas** y **etnias.** En este sentido, no puede hablarse de I antes de este proceso. El I es aquel ser considerado inferior que debe ser civilizado y evangelizado por los no I. Así, millones de personas fueron asesinadas o superexplotadas por los conquistadores, quienes usurparon sus riquezas, destruyeron sus **familias** y barrieron con sus **culturas.** En la actualidad, persisten en América Latina, África y Asia gran cantidad de grupos que se autodefinen como I, reivindicando su cultura, su **lenguaje** y su **tierra.**

Indoamericano: Ver **amerindio.**

Industria cultural (Escuela crítica, mediados del siglo XX): Proceso de conversión de las manifestaciones de la **cultura** en **mercancías.** Según Adorno y Horkheimer, la IC es un **fenóme**no propio de las sociedades de **consumo,** especialmente en referencia con los **medios de comunicación de masas** productores de cultura a nivel industrial –cine, radio, diarios, música, etc– y expresaría –según esta visión– la **alienación** y **cosificación** del hombre en la **sociedad capitalista,** especialmente de la **clase obrera,** controlada socialmente y con una actitud conformista, pasiva y manipulable, que no cuestiona el orden social ni los **productos** culturales mercantiles y superficiales que consume. Esto puede verse, por ejemplo, en el trabajador frustrado que ve en el cine la historia del **trabajador** exitoso que se hizo rico o se casó con una estrella, lo que le provoca una "**catarsis**" que le permite seguir afrontando su dura **vida cotidiana.** Es el mundo de la **racionalidad instrumental,** que a los pensadores de la **Escuela crítica** los hace caer en un profundo pesimismo. El "acto cultural" se transforma en "**valor de cambio**", en un objeto que se puede vender y comprar degradando la cultura al estandarizarla y convertirla en un **producto** más de la sociedad capitalista (aunque pueden haber otros fines en su difusión: políticos, ideológicos o de valores estéticos que requieren de esa industria para ser reconocidos).

Ingeniería social: Concepción que considera a la **sociedad** como una máquina que puede crearse, dirigirse y controlarse a voluntad.

Iniciación: Rito o ceremonia por la que un **individuo** es aceptado en un **gru**

po de características cerradas o exclusivas. Por ejemplo, existe I cuando un preso entra a la cárcel y es castigado con una paliza (una suerte de "derecho de piso"). También es un ejemplo de I la "fiesta de quince" por la cual el padre entrega simbólicamente a su hija a la **sociedad** para permitir la reproducción exogámica. Por último, la circuncisión es otro ejemplo de I.

Inmigración: Ingreso a un país de **población** procedente del extranjero. Las causas de la I suelen ser económicas o **políticas.**

Inmigración golondrina: Conjunto de **trabajadores** extranjeros que migran a otros países para realizar alguna actividad económica temporaria –una **cosecha**, por ejemplo- incentivados por **salarios** más altos que los de sus países de origen y que -una vez cumplida su tarea- regresan de donde venían.

Innovación (Robert Merton): Categoría propuesta por este sociólogo **funcionalista** que se entiende como la situación donde los individuos consideran que las metas sociales son positivas pero los medios para alcanzarlas son ilegítimos. Por ejemplo, cuando el **Estado** establece un aumento de **salarios** sin tener en cuenta la opinión de los **trabajadores.** La I implica algún grado de actitud de inadaptación de un **individuo** a un ámbito socio-cultural (ver **disfunción** y **anomia**).

Institución (estructural-funcionalismo):

Unidad de análisis fundamental de esta **teoría** antropológica y sociológica, que permite analizar **sociedades** diferentes. La I es toda forma estandarizada de proceder que promueve **valores, normas** y **roles** y que satisface necesidades que mantienen la **cohesión** y supervivencia sociales. Son ejemplos de I los **partidos políticos,** la justicia, la **Iglesia,** una sociedad de fomento, etc.

Institucionalización (Peter Berger y Thomas Luckmann): Tipificación recíproca de **acciones** repetitivas habitualizadas. La **institución** misma tipifica tanto a los **actores** individuales como a las acciones individuales. Establece que las acciones del tipo X son realizadas por actores del tipo X. Las instituciones son producto de la historia de la interrelación entre los hombres, pero a su vez controlan el comportamiento humano. Decir que un sector de actividad humana se ha institucionalizado significa que ha sido sometido a **control social.** El mundo institucional es actividad humana objetivada.

Instituciones: Aparato o conjunto de **estructuras** objetivadas del mundo social y político, a través del cual se ejerce el **poder** en una **sociedad** organizada como Estado. Las I son reglas de juego que se encarnan en la experiencia individual por medio de los **roles.** Hasta lo más individual, como el nombre, tiene arraigo en las I, que cumplen una **función** reproductora y **conservadora** del orden vigente, estableciendo lo permitido y lo prohibido, lo correcto y lo violatorio. Son I la **ley**, la **clase**, el **matrimonio**, la **religión**, etc. La I es un organismo regulador y estabilizador que canaliza las **acciones** humanas. **Durkheim** afirmó que la **Sociología** es la **ciencia** de las I. Para el **estructural-funcionalismo**, las I son **normas** de **conducta** establecidas y reconocidas por **grupos** sociales distinguibles, referidas a un tipo específico de relaciones e interacciones. Las I tienen las siguientes características: son creadas por el hombre, son permanentes, tienen normas propias y en ellas hay *status* y roles (jerarquización). Al nivel del **aparato estatal**, son I el **gobierno**, el **Parlamento**, los tribunales, la **administración pública** y la policía, entre otras.

Instituciones de secuestro (Michel Foucault): Espacios sociales donde se disciplina, controla, vigila y/o castiga a los **sujetos**. La escuela, la prisión, la oficina, el hospital, son IS que forman parte de la **microfísica del poder**.

Interacción social (funcionalismo): Conjunto de las **acciones sociales** reguladas por **normas** y expectativas de **conducta**, en el marco de un **sistema** social. K. Lewin utiliza el concepto de IS para su **teoría** del **campo**.

Internalización (Peter Berger y Thomas Luckmann): Incorporación en la **conciencia** individual de las **instituciones**, es decir, de las **estructuras** objetivadas del mundo social a través del **proceso** de **socialización**. Aprehensión e interpretación inmediata de un **hecho** objetivo, que tiene un **significado**. Así, lo que es significativo para otros se vuelve significativo para mí. Por ejemplo, para la institución "caza", habrá diversas maneras de cazar, armas, animales que se pueden cazar, recetas para cazar "correctamente", etc. Habrá una **"ciencia** objetiva" de la caza que se aprende como **verdad** objetiva por las generaciones subsiguientes y se internaliza como realidad **subjetiva**. Producirá un tipo específico de persona llamado "cazador", cuya identidad sólo tiene sentido en el contexto anterior.

Invariancia estructural (Claude Lévi-Strauss): Formas universales que organizan cada **sistema** simbólico y constituyen la **cultura**. Ejemplos: el **mito** y la **prohibición del incesto**.

Investigación de campo: **Método** típico de las **Ciencias Sociales** (en especial, en la **Antropología** y la **Sociología**) que se basa en un contacto directo con los **fenómenos** que se busca investigar, en un ámbito previamente delimitado.

K

Kula: **Sistema** de ceremonias en las que se practica el intercambio o **comercio de objetos**, con fin de incrementar el intercambio comercial y desarrollar mecanismos de **prestigio**. En particular, B. **Malinowski** estudió esta **institución** en las pequeñas comunidades del Pacífico occidental.

L

La cultura primitiva (Edward Tylor, 1871): Obra clave de la **Antropología**, donde su autor define el concepto de **cultura** como "**totalidad compleja**".

La división social del trabajo (Émile **Durkheim, 1893**): Una de las obras más importantes del sociólogo francés. La **tesis** fundamental del libro es que -a pesar de haber abandonado las creencias morales tradicionales (la **religión**, en primer lugar, base de una **solidaridad mecánica**, automática, en una sociedad más simple, con pocas diferencias)- la **sociedad moderna** tiende a lograr una estabilidad orgánica (o **solidaridad orgánica**) posibilitada a partir de la **división del trabajo** (en una sociedad más compleja, con muchas diferencias).

La función hace al órgano (Herbert Spencer): Expresión central del pensamiento **biologicista**.

Lamarck, Jean Baptiste de Monet de (1744-1829): Naturalista francés, precursor del **evolucionismo** y creador de la teoría **transformista**, basada en la adaptación del organismo al medio, que se opuso al **fijismo**. Se lo considera el fundador del **transformismo**. En su teoría transformista presenta dos leyes: a) que los cambios climáticos y geográficos del medio ambiente provocan una adaptación de los seres vivientes y, b) que esta adaptación se manifiesta en cambios que -una vez adquiridos- pasan al patrimonio hereditario y se transmite a los descendientes, es decir, la herencia de los caracteres adquiridos. Para L, estas leyes son evidentes, y no simples **hipótesis**, apoyándose en conocimientos zoológicos muy rudimentarios, y sintetizando su postura en la idea de que "la función crea el órgano", lo cual presupone un finalismo intrínseco (**teleología**). Es una ciencia influida por la **metafísica**, debido a que en la época de L, todavía la biología mantenía el esquema aristotélico-medieval. Los descubrimientos de **Mendel** a fines del siglo XIX refutaron los aspectos esenciales de la teoría de L. Entre sus obras principales encontramos a: *Filosofía zoológica* (1809).

Lamarquismo (1809): **Teoría** evolutiva planteada por J. **Lamarck**. Sostenía que los cambios en el medio alteran las características vitales.

Las estructuras elementales del parentesco (Claude Lévi-Strauss, 1949): Obra fundamental de la **Antropología**, en la cual **Lévi-Strauss** analiza las relaciones que rigen la **estructura** de la familia en diferentes sociedades. Confirmó que en todas las sociedades existe la familia y que ésta es una estructura difícilmente reemplazable. Del mismo modo en que a **Saussure** (ver) no le interesaban los elementos lingüísticos en sí mismos sino cómo se relacionaban entre sí dentro de un **sistema**, a Lévi-Strauss lo que le importa no es la estructura de cada familia aislada sino las relaciones estructurales entre las familias en una

cultura. Lévi-Strauss analiza la que considera la más universal de las reglas de la cultura: el **tabú del incesto.** A éste lo piensa como el origen de la **exogamia** (prohibición de constituir un vínculo marital dentro de una misma familia) y de los intercambios matrimoniales entre **clanes.** Afirma que las reglas de reciprocidad y la exogamia se fundan en la necesidad de resolver el problema de la autoridad y de las mujeres deseadas por todos los varones (lo que ya había sido pensado por **Freud** en su *Tótem y tabú*). Con esto Lévi-Strauss niega que la **sociedad** se organice según **linajes.** Plantea la existencia de dos tipos de estructuras: elementales, que determinan reglas de **matrimonio** positivas (se permite, por ejemplo, el matrimonio de primos cruzados) y las complejas, que establecen reglas negativas (se prohíbe, por ejemplo, el matrimonio de primos paralelos por ser endogámico). Así, los sistemas de parentesco regulan el intercambio de mujeres entre los grupos, lo que a su vez garantiza la continuidad de los diferentes clanes.

Las reglas del método sociológico (**Émile Durkheim, 1895**): Obra fundamental donde **Durkheim** plantea que **los hechos sociales deben ser tratados como cosas.** El **fenómeno** social es caracterizado como algo externo a los **individuos** y que ejerce sobre éstos una **coerción.** Ese **hecho social** debe ser explicado por medio de reglas o **normas** objetivas, independientes de la **subjetividad** individual.

Le Bon, Gustave (1841-1931): Sociólogo **positivista** y médico francés. Llevó a cabo análisis de **fenómenos** de masas. Su tesis central era que un **individuo** colocado en el interior de una **masa** de personas retrocede en su comportamiento instintivo hacia etapas más primitivas. Entre sus obras principales encontramos a: *Psicología de las masas* (1895).

Lévi-Strauss, Claude (1908 →): Antropólogo y etnólogo belga, quizá el más importante representante del **estructuralismo.** LS sostuvo que la actividad intelectual no es reflejo de la organización concreta de la **sociedad,** sino que debe abocarse al estudio de la totalidad social, formada por una red de interrelaciones funcionales ubicada en un nivel no **empírico** o directamente observable. Convencido de que las operaciones mentales básicas del hombre son las mismas en todo tiempo y lugar –en oposición a lo planteado por el **evolucionismo**-, LS asignó gran importancia a los **mitos,** que sugieren la existencia de una **lógica** común a las experiencias de los hombres, lógica que se sitúa en un lugar subyacente e **inconsciente** y a la que hay que buscar -porque los explican- detrás de las relaciones inmediatamente observables. Para hacerlo, apela a la construcción **deductiva** de **modelos** abstractos. En este sentido, centra su atención en el análisis **sincrónico,** dejando un papel secundario para la **historia** y la **etnografía** (interesadas –afirma- en las particularidades) y proponiendo su superación por una

etnología que ubica su atención en lo inconsciente y en el objetivo de lograr conclusiones más generales, apreciándose la influencia de F. **Saussure**. En este contexto, las reglas de **parentesco**, los mitos, el arte, la **religión**, los **procesos** narrativos y toda otra **institución** condicionan a los **sujetos**, que son concebidos como portadores de **estructuras** o cosas representadas y articuladas en el plano simbólico. Así, los **individuos** dirigen un juego sólo porque son primero dirigidos por **símbolos** y reglas. LS busca entender las relaciones más simples, inspirándose en el lingüista Roman **Jakobson**, de quien toma el concepto de **fonema** -la partícula mínima de sonido de un **lenguaje** necesaria para que se produzca la comunicación **lingüística**, que carece de sentido pero que permite ir reconstruyendo las significaciones-. En este sentido, el lenguaje o pensamiento simbólico (relacional, inconsciente) resulta clave para explicar la evolución humana, ya que el intercambio de **signos** o **palabras** se constituyó en el modelo de todas las demás formas de intercambio (bienes, mujeres, palabras, etc). Y allí no importa qué se intercambia, sino el hecho en sí del intercambio. LS establece una relación entre fonema y **prohibición del incesto**, describiendo a ambos como estructuras universalmente válidas, formas vacías pero indispensables, ya que ninguna de las dos tiene significado pero sin ellas no habría **significado**. De este modo, las relaciones de parentesco y las de la lingüística son iguales: en ambas los fenómenos observables derivan de **leyes** generales implícitas. La prohibición del incesto –cuya función es fomentar la **exogamia**-reúne en sí misma el carácter universal de los instintos y la **coerción** que tienen las leyes y las **instituciones**. Para LS la prohibición del incesto es el momento que se puede pensar como el pasaje entre la naturaleza y la **cultura**, la consecuencia de un **sistema significante** o cultural. Todas estas estructuras son entidades reales existentes en el cerebro. Entre sus obras principales encontramos a: *Las estructuras elementales del parentesco* (1949) y *Antropología estructural* (1958).

Leviathan (Thomas Hobbes, 1651): Obra cumbre de este autor contractualista y **absolutista**, en cuya tapa se podía observar un dibujo mostrando cómo el **Estado** era el resultado de la suma de los cuerpos de los hombres comunes. **Hobbes** fue testigo de la **Revolución** de **Cromwell** a mediados del siglo XVII y del **regicidio** de **Carlos I**. Sus objetivos se orientaban a evitar la **guerra civil** y defender la **monarquía absoluta**. Para Hobbes -uno de los autores más importantes del **contractualismo**- el **estado de naturaleza** es antisocial, egoísta, con un hombre guiado por su instinto de conservación que lo lleva a una **guerra de todos contra todos**. El **contrato social** se firma para salir de ese estado de sumo peligro y por medio de él los hombres delegan todos sus derechos en el Estado (el *L*), quien se encargaría ahora del orden y tendría la **soberanía** o autoridad única e indiscutible. Hobbes, en su argumentación en favor del **des-**

potismo, eliminó todo rastro de pensamiento religioso y no tomó en cuenta elementos económicos. En su visión, lo **político** es el **poder**, el orden, en contraposición al estado de naturaleza que es la **anarquía** y el caos.

Levirato: Matrimonio de un **hombre** con la esposa de su hermano muerto.

Lewin, Kurt (1890-1947): Psicólogo alemán perteneciente a la **Psicología de la** *Gestalt* y estudioso de la **Psicología social** y la Psicología del **Campo.** L ve al grupo como un todo, campo o **"espacio vital"** (la **estructura** de nuestro espacio cotidiano) que determina las acciones individuales de sus miembros. De este modo, concibió al comportamiento individual como la suma del **individuo** más su entorno social. Realizó experimentos con grupos de niños, probando que los diferentes liderazgos (autoritario, anárquico o democrático) generan situaciones distintas y aplicando su concepto de **"dinámica de grupos".** Entre sus obras principales encontramos a: *Teoría dinámica de la personalidad* (1935) y los póstumos *Resolución de la conflictiva social* (1948) y *Teoría del campo en la ciencia social* (1951).

Leyes transculturales (Ernest Nagel): Leyes generales de carácter trans-histórico, aplicables para todo tiempo y lugar. Para los **positivistas** –entre los que se cuenta **Nagel**- las LT existen tanto en las **Ciencias Naturales** como en las **Ciencias Sociales.** Ejemplos de LT en el campo social serían las **leyes** de la agresión,

la **prohibición del incesto**, las leyes del instinto y la **energía** psíquica, la teoría **marxista** de las **clases**, etc. Sin embargo, posiciones críticas sostienen que esas leyes no pueden escapar al contexto en que se desenvuelven -qué sociedad, en qué época, etc-, perdiendo su condición trans-cultural.

Linaje: Grupo de parentesco que tiene lazos genealógicos o de ascendencia conocidos y con **filiación matrilineal** o **filiación patrilineal.** Forman un L aquellos que descienden de un **ancestro común.** Históricamente, el L está vinculado a la línea patrilineal, especialmente en relación con la **nobleza** y la **aristocracia.** En la **Sociología funcionalista** el L está asociado al concepto de **estirpe**, clave para la ubicación de cada **individuo** en la **estratificación social.**

Lingüística antropológica: Ver **etnolingüística.**

Lítico: De piedra o relativo a ella.

Los argonautas del Pacífico Occidental **(Bronislaw Malinowski, 1922):** Obra clave de la **Antropología** de campo y la **etnografía.** La obra fue el resultado de dos largos viajes realizados por **Malinowski** a las islas Trobriand, en Nueva Guinea. Allí estudió la **sociedad** del lugar y descubrió el **sistema** ceremonial del *kula*, basado en el intercambio de regalos.

Lucha de clases: Teoría que sostiene que la **sociedad** se desarrolla en base al antagonismo entre las **clases** propietarias –dominantes y explotadoras– y las clases desposeídas –dominadas y explotadas–, en un proceso continuo, dinámico y cambiante. Para el **marxismo, la LC es el motor de la historia.**

Lucha por la vida: Ver **selección natural.**

Lumpenproletariado (Karl Marx): Fracción social marginada del proceso de **producción** y **consumo** y carente de **conciencia de clase.** Por ejemplo, pertenecen al L **grupos** desclasados como los vagabundos, mendigos, prostitutas y delincuentes.

M

Magia: Según B. **Malinowski,** la M es una acción que se propone controlar o neutralizar a fuerzas naturales desconocidas y hostiles. En este sentido, se diferencia de la **religión,** que constituye un fin en sí misma. Según la visión **funcionalista,** la M y sus **ritos** cumplirían una **función** de mantenimiento del equilibrio social.

Malinowski, Bronislaw (1884-1942): Antropólogo y físico británico de origen polaco, uno de los más importantes representantes del **funcionalismo.** Alrededor de 1920 y bajo la influencia de **Durkheim,** M utilizó el concepto de **cultura** como un todo integrado o sistema funcional para la comprensión de las pequeñas **sociedades** tribales. La cultura, para M, no se opone a la naturaleza sino que la prolonga. Para M, la tarea de la **Antropología** es mostrar la **función** de satisfacción de las necesidades básicas y al mantenimiento del equilibrio general que las **instituciones** tienen dentro de un **sistema** cultural. Su planteo es que todas las sociedades son comparables entre sí, por lo que es posible llegar a formular **leyes universales** de la organización social. Para lograr un control más eficientemente de los pueblos colonizados, las administraciones coloniales necesitaban reunir información adecuada. Para ello, el funcionalismo estableció la necesidad del **trabajo de campo** y la **observación participante,** para lo cual el antropólogo debe vivir entre los **indígenas** como un miembro más de su sociedad. Entre sus obras principales encontramos a: *Los argonautas del Pacífico Occidental* (1924).

Malthus, Thomas Robert (1766-1834): Economista y religioso inglés. Planteó la posibilidad de un desequilibrio entre la **producción** y el **consumo** y advirtió sobre el riesgo de una **crisis de sobreproducción.** M sostuvo que los alimentos crecen siempre aritméticamente (1, 2, 3, 4...) y la **población** lo hace geométricamente (1, 2, 4, 8...) y que, por lo tanto, nunca habrá alimentos suficientes para todos. Postuló, en consecuencia, la necesidad de regular el crecimiento de la población mundial, reivindicando incluso el papel que juegan en esa regulación las **guerras,** las pestes y las enfermedades. Su **teoría** fue refutada por las transformaciones en la **agricul-**

tura de los siglos XVII y XVIII. Fustigó a la **burguesía** por su exceso de acumulación y planteó la necesidad de que una **clase** no productiva –los **terratenientes**– se dedicase al consumo. También elaboró la **"ley de hierro de los salarios"**. Entre sus obras principales encontramos a: *Ensayo sobre los principios de la población* (1798).

Malthusianismo: Teoría inspirada en T. **Malthus** que plantea el control de la **natalidad**, con el fin de evitar la **escasez** de recursos.

Manufactura (Karl Marx, siglo XVI-mediados del siglo XVIII): Segundo estadio de la **producción capitalista**, posterior a la **cooperación simple** y anterior a la **gran industria automática**. De importancia fundamental en la llamada **división social del trabajo** (ver), la M es un **sistema** de producción basado en la reunión –realizada por un capitalista propietario de los **medios de producción**– de obreros de diversos oficios en grandes conglomerados y la subdivisión de esos oficios en especialidades cada vez más elementales, pero usando principalmente la fuerza y la habilidad manual del **obrero**, ayudado con herramientas pero sin máquinas o con escasa influencia de ellas. En la M cada obrero hace una parte del **trabajo** pero no el trabajo completo. Aunque el capitalista proporciona las **materias primas** y herramientas, tanto en la M como en la cooperación simple, la forma de trabajo y sus ritmos son determinados por el obrero. El **trabajo** mantiene un carácter artesanal, ya que cada operación se hace aún a mano y depende de la destreza del trabajador individual. Sin embargo, como ahora sólo se realiza una simple operación (por ejemplo, tejer), el **trabajador** queda alienado en algunos aspectos, es decir, pierde parte de su creatividad –aunque gana en **eficiencia**–. La nueva organización incrementa la **fuerza de trabajo** socialmente productiva –el trabajo del obrero colectivo formado por la combinación de los trabajos parciales– y, como nunca antes, da importancia a la producción de **mercancías** en un tiempo de trabajo mínimo –mientras que en la cooperación simple era imposible reducir el tiempo de trabajo, porque el obrero tenía que hacer muchas operaciones parciales que le obligaban a cambiar de lugar y de herramientas–. Ahora se trataba de usar unas pocas herramientas, mejores y más simples, para realizar muchas operaciones; una herramienta especial para cada operación o función parcial especializada. Hoy día entenderíamos este proceso como una **industria** artesanal, pero no aislada sino en mayor escala. La progresiva mecanización de la M llevó a una fase de transición: la **M moderna**, basada en un uso auxiliar (y no central, como en la gran industria que vendría después) de máquinas. La definición actual de M difiere de la clásica ya que refiere –ésta sí– al uso de máquinas. La M va creando una jerarquía de fuerzas de trabajo, a la que corresponde una escala o gradación de **salarios**. La escala jerárquica del trabajo se combina con la división pura y simple de los obreros en obreros especializados y **peones**. Al alcanzar un grado de desarrollo productivo, la M creó necesidades de producción que encontraron serias limitaciones técnicas, lo que abrió las puertas para el paso a la siguiente fase: la gran industria.

Marginalidad: El concepto de M proviene de margen (frontera), y hace referencia a todos aquellos **individuos** no están integrados en las redes productoras de la riqueza y el reconocimiento social. Opuesto: integración. (Ver también **exclusión social, pobreza** e **indigencia**).

Marx, Karl Heinrich (1818-1883): Filósofo y economista alemán, fundador del **socialismo científico, comunismo** o **materialismo histórico**. Postuló la **lucha de clases** como motor de los cambios históricos y –en el contexto de la **Segunda Revolución Industrial**- comenzó a organizar a la **clase obrera** mundial con el objetivo del derrocamiento revolucionario del **capitalismo** y la instauración de una **sociedad** comunista, sin explotadores ni explotados. Fue uno de los fundadores de la **I Internacional** y explicó el funcionamiento básico del **modo de producción capitalista** a través de la **acumulación de capital**, en base a la extracción de **plusvalía** realizada por la **burguesía** sobre el **proletariado**, señalando que las contradicciones del **sistema** lo llevarían a su autodestrucción. Entre sus obras principales encontramos a: *Manifiesto del Partido Comunista* (1848, junto a Friedrich **Engels**) y *El Capital* (1867).

Marxismo (1843 ›): Doctrina creada por Karl **Marx** que explica el funcionamiento de la **sociedad** en base a la **producción** material de la existencia humana y a la **lucha de clases** a través de la **historia (materialismo histórico)**. Sostiene que la **propiedad privada de los medios de producción** es la base de la **explotación del hombre por el hombre** y que el **Estado** es un instrumento de la **clase dominante** para oprimir a las otras clases. El M introdujo en la **teoría del valor** el concepto clave de **plusvalía**, aquella parte del **trabajo** del obrero que no es remunerada y que un **capitalista** se apropia con el objetivo de acumular **capital**. Explicó también cómo dicha **acumulación** aumenta la **composición orgánica del capital**, provocando una **tendencia a la caída de la tasa de ganancia**, y con ello, **crisis** recurrentes que pueden abrir paso a **situaciones revolucionarias**. El M postula la formación de un **partido obrero** que derroque en forma revolucionaria a la **burguesía** e instaure la **dictadura del proletariado**, un **Estado obrero** como fase de transición a la sociedad **socialista** y a la fase final: el **comunismo**, sociedad sin clases ni Estado. El M se formó a partir de tres fuentes principales: la **economía política** en Inglaterra (Smith y Ricardo), el **socialismo utópico** en Francia e Inglaterra (**Saint-Simon, Owen, Fourier**) y la **filosofía dialéctica** y **materialista** en Alemania (**Hegel** y **Feuerbach** respectivamente). Desde su surgimiento, el M ha dado lugar a una gran diversidad de movimientos (en muchos casos, antagónicos entre sí) que se reclaman pertenecientes a esta doctrina: **socialdemocracia, leninismo, stalinismo, trotskismo, maoísmo, castrismo, guevarismo**, etc. Entre los sucesores más importantes del M inicial de Marx y Friedrich **Engels**, se destacan **Lenin**, León **Trotsky**, Rosa **Luxemburgo**, Antonio **Gramsci**, José Carlos **Mariátegui** y Ernesto **Che Guevara**. En el plano teórico, el M ha realizado aportes fundamentales en campos tan disímiles como la **Filosofía**, la **Psicología**, la **Antropología**, la **Economía**, la **Ciencia Política**, la **Sociología**, entre otros. En la **Argentina**, las ideas del M fueron difundidas inicialmente por Juan B. **Justo** (primer traductor al castellano de *El Capital*) y los inmigrantes europeos. Ante el rechazo de la **Revolución Rusa** por parte del **Partido Socialista**, un grupo formó en 1918 el **PS Internacionalista, Partido Comunista** dos años después, que tuvo importante influencia hasta la llegada del **peronismo**. Se produjeron durante todo el siglo XX sucesivas **escisiones** de este partido y más allá de éste se formaron numerosos partidos y grupos que se reivindicaron marxistas, provenientes entre otros del trotskismo (ver **morenismo** y **Partido Obrero**), el maoísmo (ver **Partido Comunista Revolucionario**) y el guevarismo (ver **PRT**).

Marxismo estructural: Corriente de la **Antropología** que define a los fenómenos culturales como centrales en el proceso social. El ME equipara **cultura** con **ideología** y sostiene que la tarea de la cultura es la reproducción de la **sociedad**, legitimando el orden social, mediatizando las contradicciones y ocultando las fuentes de la **explotación** del **sistema**. Con influencias de **Althusser**, entre otros se destaca Maurice **Godelier**, quien relacionó la base material con la ideología, prestando atención al **parentesco**, la descendencia, el intercambio, pero relacionándolos con las **estructuras** política y económica. El ME ha sido criticado por esta igualación de cultura e ideología.

Masa: Fenómeno que agrupa a muchas personas en una tendencia común sin que ese agrupamiento sea físico (lo que diferencia a la M de la **muchedumbre**). Por ejemplo, la **opinión pública**, una corriente de ideas o la moda. También, **capa** social amplia, en contraposición con la *élite*. Algunos estudios destacados acerca de las M son: *Psicología de las multitudes* (G. Le Bon, 1895), donde el autor destaca el carácter irracional y contagioso de la M sobre la **conducta** individual, *Psicología de las masas* (S. **Freud**, 1921) y *La rebelión de las masas* (Ortega y Gasset, 1930).

Materialismo cultural (Marvin Harris): Corriente antropológica que busca las **leyes** causales de la **historia**, que expliquen la evolución cultural. Para el MC, la **Antropología** debe explicar las **causas** de las diferencias y semejanzas entre las **culturas** a partir de los condicionamientos materiales a los que todos los **individuos** están sometidos. Por ejemplo, Harris explica la sacralidad de las vacas en India porque protege un eslabón vital de la cadena alimentaria y de la **agricultura**: si se consumiera carne se afectaría a todo el ecosistema. Harris critica al **sincronismo** de **Boas** y al **funcionalismo** porque impiden la comparación. El MC usa el **método** comparativo-diacrónico para formular **hipótesis** explicativas probabilísticas posteriormente contrastables. Da prioridad a las condiciones materiales de la vida sociocultural y no a lo ideológico.

Materialismo histórico (marxismo): Estudio de la **historia** humana desde el punto de vista de la historia del **desarrollo** de las **fuerzas productivas** y la **lucha de clases.** Para el MH, la historia no la hacen ni Dios ni el destino, sino el **hombre**, en su relación con el mundo **objetivo**. El MH trata de explicar las distintas formas de organización social que se dan en la historia, a partir de las condiciones materiales de **producción** de la riqueza y reproducción del hombre. **Marx** intentó descubrir el camino que llevase de los **modos de producción** basados en la **explotación** del **trabajo** de una **clase** por otra, a un modo de producir la riqueza sin explotación y -por lo tanto- sin clases. EL MH surgió a mediados del siglo XIX como respuesta a las **teorías** burguesas (**economía política, sociología clásica,** etc). Estas teorías habían surgido con las **revoluciones burguesas** en **Inglaterra, Francia** y **Estados Unidos,** en los siglos XVII y XVIII, con el fin de consolidar y defender al orden **capitalista,** amenazado por los profundos cambios políticos, económicos y sociales que se produjeron a partir de la formación de los **Estados** moder-

nos (aproximadamente desde el siglo XV) y la **Primera Revolución Industrial** (aproximadamente desde 1750). Marx y **Engels** denunciaron que las tres banderas de la **Revolución Francesa** de 1789 –Libertad, Igualdad y Fraternidad- no se habían concretado. El reemplazo del **feudalismo** por el capitalismo no había traído una sociedad más justa. Y la **clase obrera** -los **asalariados** o **proletarios**- sufrían una terrible explotación. Marx y Engels estudiaron las bases del funcionamiento del capitalismo y las causas de sus **crisis,** con la finalidad **política** de organizar su derrocamiento. El MH criticó al **materialismo burgués**, reivindicando la existencia no sólo de una materia natural sino de una materia social, hecha por los hombres. Según **Gramsci,** esto significa que para el MH la materia **subjetiva** y la objetiva interactúan, de modo que la materia está social e históricamente organizada. Según el **marxismo vulgar,** el MH tiene un rol secundario, siendo la aplicación del **materialismo dialéctico** (en su versión simplificada y deformada) a los **fenómenos** de la vida social: el *hismat* sería la abreviatura del MH, el elemento particular, siendo el elemento dialéctico natural el elemento universal. Pero para el **marxismo,** el MH implica la transformación **dialéctica** del mundo realizada por el hombre (ver también **estructura, superestructura** y **relaciones de producción**).

Matriarcado: Organización social basada en el dominio de la madre y del **parentesco** por línea materna. **Grupo** social con predominio político y económico femenino. Muchos autores desconocen la existencia histórica del M considerándolo un **mito**, pero Lewis **Morgan** lo definió como la forma dominante en el **salvajismo** y la **barbarie** y otros autores lo ubican en el período de descomposición de la **comunidad** primitiva. En este sentido, Friedrich **Engels** ligó también el surgimiento del **patriarcado** con la aparición de la **propiedad privada** y el **Estado**.

Matrilineal: Filiación referida a la madre. Opuesto: **patrilineal**.

Matrimonio: Unión heterosexual y de corresidencia que determina derechos y **obligaciones** en cuestiones referidas a la reproducción y las relaciones sexuales. El M puede llevar al nacimiento de hijos, pero no es una condición *per se*. Algunos autores sostienen que las uniones homosexuales son una variante de M.

Mecanismos fijos de comportamiento: Movimientos fijos y estereotipados, inscriptos en las células e invariables en cada **especie**, que realizan los animales. Los MFC se desarrollan mecánicamente, incluso si el estímulo cesa (pautas compulsivas).

Mendel, Johann Gregor (1822-1884): Botánico, matemático, escritor y sacerdote austríaco, estableció los cimientos de la genética moderna; disciplina que posteriormente resolvió puntos oscuros de la **teoría evolucionista**, dando por tierra con la teoría de los **caracteres adquiri**-dos de **Lamarck**. Trabajó en un pequeño jardín con arvejas, **especie** con características fácilmente diferenciables y observables (**fenotipos**), y en un número relativamente grande. Luego de seleccionar los "caracteres diferenciales" -es decir una serie de observaciones que consideró importantes- Mendel postuló sus leyes.

Merton, Robert King (1910-2003): Sociólogo norteamericano, uno de los fundadores de la **Sociología funcionalista** y del **estructural-funcionalismo** junto a Talcott **Parsons**. Desarrolló los **conceptos** de **disfunción** y **rol** y trabajó buscando **generalizaciones empíricas** (a las que llamó "**teorías** de la esfera media") a partir del planteo de determinados problemas. También se abocó a temas como el **control social**, la **burocracia** y la Sociología de la **ciencia**. Entre sus obras principales encontramos a: *Teoría y estructura sociales* (1949) y *El análisis estructural en la Sociología* (1975).

Mesolítico (10.000-8.000 a.C.): Término acuñado por H. Westtropp en 1865 que designa al período prehistórico de transición entre el **Paleolítico** (**economía** depredadora basada en la caza y la pesca) y el **Neolítico** (**economía** de **producción** centrada en la **agricultura** y la **ganadería**). Denominado también **Epipaleolítico**, su característica central se vincula con los **grupos** humanos que dieron los primeros pasos hacia la **producción** de alimentos (molienda, arado, almacenamiento, hoz, etc) y la domesticación de animales, aunque todavía la caza y la pesca eran la práctica alimentaria fundamental. El M coincidió con el fin de la última **glaciación** cuando se produjo un proceso de **desertización**. Corresponde a la era geológica del **Holoceno**.

Mesozoico **(248.000.000-65.000.000 a.C.):** Cuarta de las **eras geológicas**, posterior al **Paleozoico** y anterior al **Cenozoico**. Llamada también **Era Secundaria** o la era de los dinosaurios, se divide en: triásico, jurásico y cretácico. Durante el M se separaron los continentes y aparecieron los mamíferos, las aves y los árboles.

Mestizaje: Mezcla de las **razas** y, por extensión, de las **culturas**. El ejemplo típico es el M producido como consecuencia de la **colonización española**.

Mestizo: Latinoamericano con **ancestros amerindios** mezclados con blancos españoles o portugueses. Aunque durante la **colonización** de **América** se los consideraba jurídicamente iguales, de hecho eran inferiores a los blancos europeos. Por extensión, el término se usa para designar a toda persona nacida de la unión de padres de **grupos étnicos** diferentes.

Microfísica del poder (Michel Foucault): Característica de funcionamiento del **poder** en la **sociedad** moderna. En ella, cada **institución** cumple su papel: la **fábrica** fija a los individuos a un aparato de **producción**, la escuela los fija a un aparato de transmisión de **saber**, el hospital los liga a un aparato de corrección y normalización, etc. Se trata de una MP o **poder capilar** que controla la totalidad del tiempo y el cuerpo de los individuos. Se busca construir, constituir individuos "normales", que interioricen las **normas** y que adecuen sus **conductas** de acuerdo a esas normas, es decir, que se cumpla la **disciplina**. Un **individuo** normalizado es un individuo dócil, útil, productivo y económicamente rentable. Utilidad y obediencia se reproducen mutuamente.

Micropoder (Michel Foucault): **Poder capilar**, **poder panóptico** normalizador, cuyas relaciones atraviesan todo el cuerpo social hasta encarnarse en la **vida cotidiana** y los cuerpos de los **individuos**. Este M ha actuado en la **sociedad** moderna, creando las condiciones que permiten la formación de la sociedad industrial: el tiempo de los hombres se transformó en **tiempo de trabajo** y el cuerpo de los hombres se convirtió en **fuerza de trabajo**. El **panoptismo** tiene como **función** transformar el tiempo y el cuerpo de los **individuos**, formando y corrigiendo el cuerpo para que tome aptitudes que lo califiquen como cuerpo capaz de trabajar. Las **instituciones** que encuadran la vida cotidiana de los **individuos** -la escuela, la **fábrica**, el hospital, el lugar de **trabajo**, etc.- tienen un fin específico: enseñar o educar, producir, curar, en el marco de una **disciplina** general.

Migraciones: Cambio geográfico y residencial permanente o transitorio (ver **inmigración golondrina**) consistente en el desplazamiento de **población** de una región a otra con el fin de desarrollar allí su vida. Pueden producirse al interior de un país o **territorio** –las **M internas** entre las que se destacan las **M campo-ciudad**-, provenir del exterior –**inmigraciones**- o ir desde un país hacia el extranjero –**emigraciones**-.

Mioceno (25.000.000-7.000.000 a.C.): Tercer período del Neozoico o **Era Terciaria**. En el M aparecieron los *australopitecos*.

Misoneísmo: Rechazo ante lo nuevo. En **Sociología**, tendencia a perpetuar los comportamientos establecidos y admitidos por un **grupo**.

Místico: Relativo a lo que está unido íntimamente con Dios.

Mitema (Claude Lévi-Strauss): Cada una de las partes mínimas que constituyen un **mito**. El uso del **concepto** permite observar cómo la **Antropología estructural** de **Lévi-Strauss** formula homologías entre la **estructura** de los mitos y la de las formas linguisticas. Ver también **estructuralismo**.

Mito: Narración fantasiosa de corte sobrenatural e ilógico. **Platón** y **Aristóteles** utilizaban al M como una forma de aproximación deformada a la **verdad** y G. **Vico** lo concebía como una verdad poética, no intelectual. F. **Schelling** lo vio como una suerte de **religión** espontánea, en tanto que **Freud** encontró una **estructura** común entre los sueños y los M, como **sistemas de significa-**

ción, lo que fue tomado luego por **Lévi-Strauss** quien la extiende al **lenguaje** y a las relaciones de **parentesco** presentes en toda **sociedad**. B. **Malinowski**, en tanto, adjudica al M la **función** de garantizar el mantenimiento en el tiempo de la **cultura**. En la **Sociología**, el M cumple una función de **control social**. Algunos autores consideran al M como la forma más primitiva de **imaginario social**, la que puede expresarse en **ritos**. El mencionado Lévi-Strauss describe al M como un relato oral y anónimo, cuyo origen se desconoce y sin **significado** propio sino sólo en la relación con otros M –unos se transforman en otros-, y cuya real función es la de explicar el pasaje de la naturaleza a la **cultura** (con sus diversas oposiciones binarias: de lo animal a lo humano, de lo crudo a lo cocido, de lo desnudo a lo vestido), etc. En definitiva, explican metafóricamente determinados problemas y le dan **sentido** al mundo sin tener –ellos mismos- un sentido.

Mitología: Concepción de la realidad que plantea la contínua penetración del mundo de la experiencia cotidiana por parte de fuerzas sagradas, con una continuidad entre el mundo humano y el de los Dioses.

Modelo Antropológico Clásico: El MAC nace en las décadas de 1960-70 con la **descolonización**, y es una construcción científica abstracta que explica la producción antropológica desde fines del siglo XIX hasta después de la **Segunda Guerra Mundial**. Según Mirtha Lischetti, es un **modelo** en tanto busca explicar y no sólo describir el pasaje de la **Antropología** de lo precientífico a lo científico. Y es clásico porque surge cuando la Antropología se consolida. A pesar de la diversidad de corrientes, lo que unifica a todas es la unidad de análisis (la comunidad nativa), y el origen y desarrollo del objeto de la Antropología, es decir, la **situación colonial**.

Modo de producción: Modo en que los hombres producen lo necesario para vivir en un lugar y época determinados, a partir de una específica combinación de **fuerzas productivas** (estado de la **fuerza de trabajo** y la **tecnología**) y **relaciones de producción** (relaciones sociales humanas). **Marx** sostiene que mientras las fuerzas productivas puedan seguir desarrollándose, las relaciones de producción sostendrán una **estructura** de **clases** específica de cada MDP. Pero cuando esas relaciones se constituyen en una traba para ese desarrollo, esa contradicción abre una época revolucionaria que tarde o temprano desemboca en la formación de un nuevo MDP dominante. Todo MDP es una construcción ideal; en la realidad, junto con un MDP dominante, coexisten diversos MDP, más o menos desarrollados, conformando en su conjunto una **formación económico-social**. El antropólogo Maurice **Godelier** descubre en los escritos de Marx desde un original **comunismo primitivo** (**cazadores-recolectores**) y dos **MDP asiático** (el de los *Inka* y el eslavónico). Paralelamente a ellos, el **MDP germánico** (las tribus "bárbaras"

que invadirán el **Imperio Romano**) y el **MDP antiguo** (griegos y romanos preclásicos); como desarrollo de este último el **MDP esclavista** (Grecia y Roma clásicas); como combinación del germánico y esclavista, el **MDP feudal**, y como desarrollo de éste, el **MDP capitalista**. El **MDP comunista** sería, según Marx, el **modelo** de organización social al que el hombre debe llegar.

Modo de producción antiguo (Karl Marx): Forma de **producción** de la Grecia y Roma preclásicas. El MPA sentó las bases del **modo de producción esclavista**.

Modo de producción asiático (siglos V-XV): Forma de **producción** con una **economía agrícola**, con pequeñas unidades de producción y que, a la vez, contaba con un **Estado** y una **burocracia** centralizados –el **despotismo oriental**–, cuyo **poder** se basaba en la regulación de los suministros de agua y la realización de grandes obras públicas. Las condiciones del clima fueron la base para la clasificación de las civilizaciones hidráulicas, entre las que se encuentra la **India**. Los **incas** y los **mayas** parecen también haber adoptado este **modo de producción**. La unidad y estabilidad del MPA dependían de varios factores: **sistema** de producción, burocracia centralizada, **castas**, **religión**, etc. Algunos autores consideran al MPA como el equivalente asiático del **modo de producción feudal** y otros le niegan especificidad propia.

Modo de producción capitalista (siglo XV →): El **capitalismo** es un **modo de producción** en el que los instrumentos y utensilios, es decir, los **bienes** por medio de los cuales se realiza la **producción** –en definitiva, el **capital**– son de **propiedad privada** o individual. Esto implica la concentración de la propiedad en unas pocas manos y la carencia de propiedad por parte de la mayoría. Unos tienen y otros trabajan para aquellos que tienen. Ésta es la base del conflicto entre capital y **trabajo**, entre los que no trabajan y explotan el trabajo ajeno, contra los que trabajan para aquellos. La concentración de la propiedad genera una compulsión económica que obliga a los que no son propietarios a alquilarse a los propietarios, convirtiéndose en **asalariados**. Para que algunos vivan sin trabajar –los capitalistas o **burguesía**– otros –los trabajadores o **proletariado**– deben producir más de lo que ganan, más que el valor de su **fuerza de trabajo** (remunerada con el **salario**) y ese "más valor" es el **plusvalor** o **plusvalía**, tal como lo llamó **Marx**, o el **excedente**, como lo denominó Adam **Smith**. Esa plusvalía es la base de la **acumulación de capital** con la que el sistema se reproduce. Los economistas burgueses han argumentado que los capitalistas aportan a la producción la maquinaria, del mismo modo que los trabajadores aportan su trabajo. Y que, supuestamente, sin el deseo capitalista de producir para ganar, no se podrían lograr avances técnicos o productivos. El marxismo sostiene que todo esto es falso: que el capitalista no aporta nada porque todo lo que existe como producción ha sido creado por la clase trabajadora y que la clase capitalista no hace más que parasitar a aquella. Históricamente, el MPC surge entre la segunda mitad del siglo XVI y comienzos del siglo XVII y se consolida como modo de producción dominante con la **Revolución Industrial**.

Modo de producción comunista: Ver **comunismo**.

Modo de producción esclavista (4.000 a.C.-siglo V): Forma de **producción** basada en el **trabajo forzado** de los **esclavos** en favor de su **clase** propietaria, los **amos** o **esclavistas**, propietaria de los **medios de producción** y de la **fuerza de trabajo**, a la que debía sostener. El MPE fue el primer **modo de producción** que se basó en la **propiedad privada** de los medios de producción. Características del MPE: **agricultura** como producción dominante, mano de obra esclava y –en el caso de la **esclavitud antigua**– **comercio** marítimo centrado en el Mar Mediterráneo, etc. El MPE se habría originado, según **Godelier**, en el **modo de producción antiguo**. La esclavitud fue el modo de producción sobre el que se asentó la riqueza, el bienestar y los logros de los hombres libres de la **Antigüedad** clásica. Más allá de algunos logros técnicos (método de soplado de vidrio, molinos giratorios para el grano), el crecimiento económico del MPE se basó en la expansión territorial, la conquista, el desarrollo comercial y el **trabajo forzado**, aunque el **excedente**

era escaso. La civilización clásica gre-co-romana tuvo un carácter colonial: el crecimiento económico dependía de la conquista militar de **territorios** y escla-vos. Como planteó Anderson, "Los cam-pos de batalla proporcionaban mano de obra para los campos de cereales y, vi-ceversa, los trabajadores cautivos per-mitían la creación de ejércitos de **ciu-dadanos**". Ejemplo del MPE es –además de las **ciudades-Estado** griegas y el **Im-perio Romano**- la **colonización española** en América, que apeló también a for-mas esclavistas. El MPE declinó como forma dominante aproximadamente en el siglo V, con los inicios de la **Edad Me-dia**, al constituirse en una traba para el **desarrollo** de las **fuerzas productivas**. Fue sustituido por el **modo de produc-ción feudal**, pero diversas formas de es-clavitud han existido hasta el siglo XX.

Modo de producción feudal (siglos V-XIV): Forma de **producción** basada en la **servidumbre**, el **trabajo forzado** de los **siervos** en favor de la **clase aristocrá-tica** hereditaria propietaria de la **tierra**, la **nobleza**, a quien aquellos estaban obligados por la **coacción** física a entre-garles parte de su producción en con-cepto de **tributo**. Fue el modo de pro-ducción dominante en la **Edad Media**. Las características del MPF son: escasa **población**, producción para el autocon-sumo (**economía de subsistencia**), baja **división del trabajo**, sociedad encerra-da en sí misma, casi incomunicada, poco intercambio comercial, ausencia de una autoridad política, militar y mo-netaria central –**soberanía** fragmenta-da-, formación de **feudos** (grandes tie-rras bajo el **poder** de señores **feudales**), una cultura religiosa **tradicionalista** que no permitía el cuestionamiento de las "verdades divinas", con un orden jerár-quico inamovible y con la **Iglesia** Cató-lica como máxima autoridad. **Godelier** plantea que el MPF habría surgido de la combinación del **modo de producción germánico** y el **modo de producción es-clavista**. El crecimiento de las ciudades y el comercio a partir de los siglos XI a XIII tuvo que ver, en parte, con el de-seo de los campesinos de liberarse de las cargas impuestas por los señores. En las ciudades -gobernadas por reyes y príncipes- el **señorío** no tenía peso, lo que daba a los habitantes libertades que atacaban las bases del feudalismo señorial. En esos **burgos** comenzó a for-marse la **clase social** que siglos des-pués provocaría el derrumbe del MPF: la **burguesía**. (Ver también **feudalismo**).

Modo de producción germánico (Mauri-ce Godelier): Forma de **producción** que **Godelier** adjudica a **Marx**. El MPG habría sido desarrollado por las **tribus bárba-ras** que invadieron el **Imperio Romano**.

Modo de producción tributario (siglos V-XV): Forma de **producción** en la cual al productor se le daba acceso a los **me-dios de producción**, a la vez que -por medios políticos o militares- se le sa-caba un **tributo**. Wolf plantea que **Marx** distinguió dos formas de MPT. En algu-nos casos, grandes regiones **agrícolas** estaban en manos de **Estados** –contro-lados por gobernantes políticos o militares– sustentados en la extracción de **excedentes** producidos por estos productores primarios. En los casos en que existía un **gobierno** centralizado fuerte, éste ponía límites a las diversas organizaciones (**gremios**, fincas, ligas o sectas religiosas). Al contrario, cuando los elementos estratégicos de producción y los medios de **coerción** estaban en manos de recolectores locales, el poder central era débil. En este caso, se producían luchas faccionales que permitían a la *élite* central sobrevivir mediante la estrategia de "divide y triunfarás". Estas dos situaciones corresponden a los conceptos **marxistas** de **"modo de producción asiático"** (Asia) y **"modo de producción feudal"** (Europa), variantes del MPT.

Monogamia: Matrimonio de un solo hombre con una sola mujer. Opuesto: **poligamia.**

Morgan, Lewis Henry (1818-1881): Antropólogo **evolucionista** norteamericano, sostuvo que todas las **culturas** históricas recorren la misma secuencia de **estadios: salvajismo, barbarie** y **civilización** (las **familias** también desarrollan etapas evolutivas desde la promiscuidad hasta la **monogamia**) . Especialista en el análisis de las relaciones de **parentesco**, escribió *La lengua de los iroqueses* (1851), *Sistemas de consanguinidad y afinidad en la familia humana* (1871), donde afirmó el origen asiático de los **indios** americanos, y *Sociedad humana* (1877).

Movilidad (funcionalismo): Cambio de *status* social, político, económico, cultural o de otra índole, experimentado por una persona o un **grupo** en una **sociedad** dada. Llamada también **movilidad social.**

Movilidad ascendente (funcionalismo): Pasaje de los **individuos** de un **grupo social** inferior a otro superior en la escala de **estratificación social**. Por ejemplo, cuando un empleado administrativo es ascendido a Jefe de Personal.

Movilidad descendente (funcionalismo): Pasaje de los **individuos** de un **grupo social** superior a otro inferior en la escala de **estratificación social**. Por ejemplo, cuando un ejecutivo pierde su puesto y no puede asistir más a algún club exclusivo.

Movilidad intergeneracional: Cambios que se producen en la posición social de los hijos respecto de sus padres. Se distingue de la **movilidad intrageneracional.**

Movilidad intrageneracional: Cambios que se producen en la posición social de un **individuo** a lo largo de su vida. Se distingue de la **movilidad intergeneracional.**

Movilidad social (funcionalismo): Pasaje de los **individuos** de un **grupo** o **estrato social** a otro en la **pirámide social**. Posibilidad reconocida socialmente de cambiar de *status* o **situación de clase** dentro del **sistema** de estratificación social, **fenómeno** posible en las **sociedades** modernas y abiertas donde el mérito individual y la competencia se imponen sobre criterios tradicionales como el **abolengo**. La MS –que no debe identificarse con la **movilidad** profesional o con las **migraciones**- puede ser **ascendente, lateral** o **descendente**, aunque también se habla de una **MS horizontal** o **vertical**. También puede darse MS en el caso de un grupo. Según **Di Tella**, la MS carece de objetivos políticos. Por ejemplo, en la **Argentina** de la década de 1940, los hijos de **inmigrantes** (**campesinos**, agricultores, **obreros** no calificados, etc) pudieron -merced a la **educación** y capacitación para el medio laboral- ascender socialmente y conformar la **"clase media"** Argentina, hoy pauperizada y en un proceso de MS descendente,

Movilidad social ascendente: Ver **movilidad ascendente.**

Movilidad social descendente: Ver **movilidad descendente.**

Movilidad social horizontal (funcionalismo): Pasaje entre dos posiciones sociales de un mismo nivel dentro de la **pirámide social.** Un ejemplo de la MSH es la movilidad territorial. Sin embargo, si una persona se muda, digamos, de Villa Soldati a Recoleta, esa movilidad territorial debe ser considerada como vertical. Otros ejemplos de MSH –también llamada **movilidad social lateral**- son el cambio de **religión** o de **partido político**, el divorcio y formación de una nueva **familia** o el cambio de **trabajo** (manteniendo el mismo título o profesión y con un nivel de **ingresos** y un reconocimiento similares). Opuesto: **movilidad social vertical.**

Movilidad social lateral: Ver **movilidad social horizontal.**

Movilidad social vertical (funcionalismo): Desplazamiento entre posiciones sociales distintas, una inferior a la otra, dentro de la **pirámide social.** Hay varias modalidades: económica, política, profesional, etc. Opuesto: **movilidad social horizontal.**

Movimientos sociales: Búsqueda de cambios en forma deliberada y consciente por parte de un **grupo social** estimulado por tensiones sociales acumuladas y orientado a la confrontación con un adversario determinado. Siendo el **movimiento obrero** surgido en el siglo XIX el ejemplo de MS clásico –el que busca transformaciones de tipo global-, en las últimas décadas ha surgido el concepto de **nuevos MS** (ver), formas colectivas de identidad y solidaridad no centradas en la **producción** ni vinculadas directamente con las **clases sociales** sino basadas en otro tipo de factores -étnicos, de **género**, religiosos, ambientales, **etarios**, etc-. Ejemplos de éstos son el movimiento de agricultores, el **fascismo**, el **feminismo** o el **ecologismo**. E. Jelin ha definido a los MS como un conjunto de acciones colectivas con alta participación de base, que utilizan canales no institucionalizados y que -al mismo tiempo que van elaborando sus **demandas**- van encontrando formas de acción para expresarlas y se van constituyendo en **sujetos** colectivos, es decir reconociéndose como **grupo** o categoría social. Uno de los autores que más ha analizado a los MS ha sido Alain Touraine.

Muchedumbre: (Didier Anzieu): Grupo de individuos reunidos o amontonados en gran número (centenares, millares) en el mismo lugar, sin haber tratado explícitamente de reunirse y sin tener fines explícitos. Ejemplos: aglomeraciones, **hordas**, tumultos. En la M predomina lo emocional, exacerbándose las sensaciones (miedo, entusiasmo, etc) y reduciéndose el sentimiento de responsabilidad individual y la capacidad de autocrítica individual. Se diferencia del concepto de **masa**, que comprende **fenómenos** entre **individuos** que no están físicamente juntos; por ejemplo, aquellos que siguen una moda, la **opinión pública**, las corrientes de ideas, etc. **Freud** parafrasea a Mc Dougall en *Psicología de las masas*, señalando que las características antes descriptas y especificadas por **Le Bon** para las "masas" corresponden en realidad a las "muchedumbres" (*crowds*).

Multitud: Agrupamiento de muchas personas. Según Gerth y Mills, es un tipo de **muchedumbre** donde sus miembros tienen una meta en común. Otros autores simplemente lo utilizan como sinónimo de muchedumbre.

Mutación: Cambio que se produce en algún gen de los organismos vivos y que se transmite a sus descendientes.

N

Nación: Conjunto de hombres que, viviendo dentro de un mismo **territorio**, están unidos por una misma **cultura** e **historia**, y algunos rasgos en común (**lengua, raza, religión**, etc, aunque no todos necesariamente), reconocen un mismo origen y persiguen un mismo destino. El **término** tiene un origen moderno, al menos en la acepción actual; anteriormente, una persona se reconocía como perteneciente a una religión o a una región, pero no a un país. Así, alguien podía auto-identificarse como cristiano o como borgoñés, pero no era probable que se definiera como francés. La suma de un territorio y una **población** unidos por lazos comunes conforma una N, lo cual significa que no se trata de un **concepto** político ni jurídico –a diferencia del concepto de **Estado**- sino sociológico, aunque la confluencia de ambos conceptos ha dado lugar históricamente al Estado nacional.

Neocolonialismo (siglo XX): Dominación económica de una antigua **colonia** convertida en un país formalmente soberano, por parte de otros **Estados** o **empresas** monopólicas. La mayor parte de los países del **Tercer Mundo** se encuentran en situación neocolonial. (Ver también **colonialismo** e **imperialismo**).

Neodarwinismo: Ver **teoría sintética de la evolución**.

Neoevolucionismo (década de 1930): **Teoría** que continuó la línea del **evolucionismo**. **White** investigó, no culturas particulares, sino el desarrollo de la **cultura** humana en su conjunto en un derrotero unilineal y progresivo. El hombre usa la cultura para satisfacer sus necesidades y dominar el **hábitat** que lo condiciona. El factor que puso como motor de desarrollo es la energía. White formuló la **ley de la evolución** cultural, que usa para la comprensión de la **historia** una estrategia materialista cultural, en términos de energía. La evolución de la cultura es igual al análisis de **Morgan**. Con cada fuente de energía, White planteó que el hombre cambia de **estadio** -por ejemplo, cuerpo humano (**salvajismo**), cultivos y domesticación de animales (**barbarie**) y **Revolución Industrial** (**civilización**)-, a diferencia de Morgan y **Tylor** que marcaban la civilización por la cultura. Para el N, el elemento condicionante de los **sistemas sociales** es el tecnológico y la evolución social sigue a la evolución tecnológica. En una concepción **mecanicista**, Kroeber planteó la subordinación del **individuo** a su cultura, al igual que White. Pero Kroeber puso el acento en los aspectos ideales de la cultura (**filosofía**, arte, etc). Su propósito era descubrir rasgos comunes en las diferentes **sociedades** (cosa que no logró).

Neolítico (8.000-3.000 a.C.): Término propuesto en 1865 por J. Lubbock que hace referencia al segundo y último período de la **Edad de Piedra**, o de la piedra pulida, entre el **Mesolítico** y la **Edad de los Metales**. Surgió con el último período glaciar, provocando profundas transformaciones en la forma en que los humanos obtenían sus alimentos. Así, el desarrollo de la **agricultura** y la **ganadería** produjo lo que se dio en llamar la **Revolución Neolítica**. Desde el N, el hombre abandonó el **nomadismo** y se hizo **sedentario**, creando las primeras ciudades y cultivando la **tierra** y domesticando animales, lo que le permitió liberarse de la dependencia de la disponibilidad de **recursos naturales**, al superar las **cosechas** lo consumido. También comenzó cierto grado de **división del trabajo** según sexo, fuerza y edad. La finalización del N coincide con la aparición de la escritura. Corresponde a la era geológica del **Holoceno**.

Neomaltusianismo: **Doctrina** que plantea el control de la **natalidad** argumentando que ello produce un mejoramiento en el **nivel de vida**. (Ver **maltusianismo**).

Neozoico: Ver **Cenozoico**.

Nomadismo: Forma de vida de algunos **pueblos**, caracterizada por un cambio constante de lugar de residencia en razón de la necesidad de asegurarse medios de subsistencia. Ejemplos de N son: los **cazadores-recolectores** y los pastores. Existe también una forma de N temporario o estacional, la **trashumancia**.

Normal (Michel Foucault): Categoría central del **modelo** de **poder disciplinario.** Lo N es un principio de **coerción** y estandarización de la vida presente en todas partes: en las escuelas (de allí, la escuela "normal"), en los hospitales, en las **fábricas.** El **poder** de normalización obliga a la homogeneidad (todos están en el **sistema**) pero a su vez individualiza, fijando a cada uno niveles, especialidades, etc, haciendo útiles las diferencias, ajustándolas unas con otras en un mecanismo único. La constitución y definición de lo N en cada época, es inseparable de lo que es declarado "anormal".

Nuevos movimientos sociales (década de 1960 →): Movimientos sociales que –a diferencia de los tradicionales- no se movilizan por reclamos sectoriales o puntuales ni impugnan en general al orden social imperante, sino que se centran en **demandas** vinculadas a **valores** generales, como los **derechos humanos,** la **ecología** o la paz. Algunos autores ven en los NMS nuevas formas de hacer **política,** ante la crisis de los canales de **representación** tradicionales – en particular de los **partidos políticos-.**

O

Observación de campo: Evaluación de un **objeto de estudio** en el lugar y condiciones naturales en el que éste se encuentre. Por ejemplo, ir a la cancha y observar el comportamiento de los hinchas o ver la ropa que usan los adolescentes en un recital.

Observación directa: Ver **observación de campo.**

Observación participante: Herramienta central de la **etnografía** que B. **Malinowski** desarrolló en su estudio de los habitantes de las islas Trobriand y que consiste en un **trabajo de campo** en el que el antropólogo estudia a una pequeña **sociedad** como unidad de análisis, conviviendo con ella y aceptando el **rol** que la **comunidad** le dé. Exige una convivencia prolongada, el dominio de la **lengua** del lugar y la participación del investigador en la **vida cotidiana** del **grupo.** La OP es utilizada también en **Sociología.**

Observación simple: Situación en la que un investigador observa en forma directa a su **objeto** de estudio. También llamada **observación de campo.**

Organicismo: Idea de que el mundo y la **sociedad** tienen un funcionamiento análogo al de un organismo biológico. Pueden considerarse propios del O a los planteos de **Spencer,** Shelling, Bergson y **Whitehead,** entre otros. Opuesto: **mecanicismo** y **vitalismo.** (Ver también **sociobiología**).

Otredad: Forma de estudiar, relacionarse, calificar -o descalificar- a los otros hombres, a los distintos, ya sea en su aspecto físico, por sus costumbres o su **cultura.** Opuesto: **mismidad.**

Otro cultural: Estudio de las **socieda-**

des no occidentales y/o subdesarrolladas, consideradas inferiores por las **teorías** antropológicas clásicas. El OC abarca a los **pueblos** etnográficos, **campesinos, clases** bajas, locos, **lúmpenes**, adolescentes, etc. Los une la diferencia con lo "oficial".

P

Paleolítico (4.000.000-10.000 a.C.): Término acuñado por J. Lubbock en 1865 para designar al primer período de la **Edad de Piedra** o de la piedra tallada, anterior al **Neolítico**, basado en la caza de animales y la recolección de plantas silvestres. El P es el primer y más largo período de la **Prehistoria** y de la **historia** de la Humanidad, cuando aparecieron el propio hombre, el **lenguaje**, el fuego, los ritos y el arte. Se caracteriza por una **economía** depredadora con poblaciones de **cazadores-recolectores** que vivían en campamentos o cavernas, desconociéndose la **agricultura** y la domesticación de animales. Se divide en P Inferior (4.000.000-2.000.000 a.C., instrumentos de piedra rudimentarios, aparición de los prehomínidos y los primeros **homínidos**, hachas de mano o bifaces, etapa de los *Abbevilliense* y luego período *Achelense*), Medio (2.000.000-35.000 a.C., **Hombre de** *Neanderthal*, períodos Musteriense y *Levalloisiense*) y Superior (35.000-10.000 a.C., surgimiento de la caza cooperativa, aumento de la **población**, utensilios con hueso tallado, pinturas rupestres, *Homo sapiens*, períodos

Auriñaciense, Solutrense y Magdaleniense). Corresponde a la era geológica del **Pleistoceno** o **Era Cuaternaria**.

Paleontología: Disciplina que estudia los **fósiles**.

Paleozoico (550.000.000-248.000.000 a.C.): Tercera de las **eras geológicas**, posterior al período **Precámbrico** y anterior al **Mesozoico**. La llamada era de los peces, se divide en: **Cámbrico**, Ordovícico, Silúrico, Devónico, Carbonífero y Pérmico. Durante el P aparecen también las plantas terrestres.

Panoptismo (Michel Foucault): Nueva forma de **poder** que se consolida en **Occidente** en la etapa más avanzada del **sistema capitalista**. La **sociedad panóptica** es una identidad entre prisión y **sociedad**. El poder panóptico corresponde a una sociedad que -con el fin de formar y transformar a los **individuos** en función de la medida que constituye "lo **normal**"- debe someterlos a examen, vigilancia, control y corrección en todos y cada uno de los ámbitos o espacios: el hospital, la **fábrica**, la escuela, la oficina, el manicomio, la prisión, etc.

Papel social: Ver **rol social**.

Parentesco: Conjunto de relaciones interpersonales reconocidas por una **cultura**, que determinan los lazos de filiación o **matrimonio**. El P ha sido estudiado por diversos autores, entre ellos **Lévi-Strauss** (*"Las estructuras elementales del P"*).

Parsons, Talcott (1902-1979): Sociólogo estadounidense, uno de los más importantes teóricos del **funcionalismo** y creador del llamado **estructural-funcionalismo**. Adversario del **inductivismo** y heredero de la **Sociología** de E. **Durkheim** y la **Antropología** de B. **Malinowski**, P pretendió desarrollar un **sistema** teórico formal a partir de un enfoque **deductivo**. P utilizó como **modelo** a la biología y trató de explicar los **fenómenos** sociales en comparación con los procesos de los organismos vivos. Concibió a la **sociedad** como un todo o **estructura** en el que las partes se encuentran en relación de interdependencia cada una cumpliendo su **rol** o **función** y asumiendo determinado *status*, gracias a lo cual se mantiene en equilibrio. De acuerdo con su "**teorema** fundamental de la Sociología", las orientaciones que motivan a los **individuos** (influencia de **Weber**) se corresponden con las orientaciones y **valores** sociales –internalizados a través del **proceso** de **socialización**-, lo que garantiza el equilibrio de la sociedad (influencia de **Pareto**). Los valores sociales se cristalizan en **instituciones** que gobiernan las relaciones y **conductas** del sistema social –formado por diversos subsistemas-, en el marco de un **consenso** en las normas básicas. Diversos mecanismos de **control social** (creencias, costumbres, **ritos**, etc) mantienen acotadas las **conductas** sociales "desviadas" –lo que R. **Merton** denominará **disfunciones**-. Una de las críticas centrales a la visión de P es que éste prácticamente no deja márgenes de maniobra a los individuos, que aparecen como simples reproductores de valores socialmente aprehendidos, crítica en la que coinciden los **liberales** individualistas, los **weberianos** y el **marxismo**. También ha sido objetado su desdén por el reconocimiento y análisis de los conflictos sociales. Su obra –surgida en un momento de auge de la sociedad **capitalista** luego de la **Segunda Guerra Mundial** y teniendo como marco a la **Guerra Fría**- es uno de los pilares de las posturas **conservadoras** (centradas en la integración social y el consenso en las **democracias** de **Occidente**) dominantes en los **EE.UU.** Entre sus obras principales encontramos a: *La estructura de la acción social* (1937) y *El sistema social* (1951).

Particularismo histórico (Franz Boas, fines siglo XIX): Escuela antropológica norteamericana. El PH reaccionó contra lo que consideraba generalizaciones abstractas, racistas y eurocentristas del **evolucionismo** y otras corrientes, proponiendo la **observación** directa y la recopilación sistemática de datos **empíricos**. Así, centró su atención en las particularidades propias de cada **cultura**, negando la tesis evolucionista de que la cultura está determinada por la **raza**. Cada cultura es una realidad particular cuyo desarrollo histórico no está predeterminado. Atacó al evolucionismo por **etnocéntrico**, por intentar explicar el mundo indígena desde una racionalidad exterior, pretendidamente superior. El PH ha sido criticado ya que -al rechazar las teorías sistemáticas- cayó en un **empirismo** a-teórico, inútil para formular explicaciones sobre los numerosos "datos" culturales documentados. Si bien el **relativismo cultural** que postula el PH ha permitido una visión más tolerante de la diferencia cultural, el hecho de considerar en forma abstracta a todas las culturas por igual, lleva al PH a justificar las desigualdades y la dominación de unas sociedades por otras.

Patriarcado: Sistema de organización social primitivo surgido con la descomposición del régimen gentilicio y el surgimiento de la **propiedad privada**, donde un varón era la autoridad de cada **familia**. Opuesto: **matriarcado**.

Patrilineal: Filiación referida al padre. Opuesto: **matrilineal**.

Patrón cultural: Modelo o guía de **conducta** del comportamiento de un **grupo social** o una **sociedad** en su conjunto.

Pauperismo: Pobreza, especialmente la de las grandes ciudades industrializadas.

Pauperización: Empobrecimiento o **movilidad social descendente**. En particular, **Marx** planteó la P de la **clase obrera** en el **capitalismo**. En la terminología de la **Sociología** contemporánea, el término alude al nuevo **proceso** de empobrecimiento social en donde comienza a prevalecer una **movilidad social descendente**.

Perspectiva *emic* **(Kenneth L. Pike):** **Descripción** de las **costumbres, valores**, creencias y **conductas** culturalmente válidas o adecuadas desde el punto de vista de un **grupo** social. La PE implica la reproducción de contenidos culturales tal como se les presentan a los propios **individuos** intervinientes. Por ejemplo, desde una PE **Colón** no *descubrió* **América** sino que *llegó* a las Indias. Opuesto: **perspectiva** *etic*.

Perspectiva *etic* **(Kenneth L. Pike):** Pretensión de transculturalidad o de **objetividad** de pautas de **conducta**, **técnicas**, hechos, **ideologías**, pensamientos y artefactos culturales. La PE no es la del actor sino la del observador o la del analista. Así, desde una PE **Colón** *descubrió* **América** (objetivamente) aunque no lo *supiera* (subjetivamente). Opuesto: **perspectiva** *emic*.

Pithecanthropus: Ver *Homo Erectus*.

Pleistoceno (2.000.000-10.000 a.C.): Primer período en que se divide el **Cuaternario** o Era antropozoica. También llamado período **Diluvial**, en el P apareció el **hombre**.

Plioceno (7.000.000-2.000.000 a.C.): Cuarto y último período del Neozoico o **Era Terciaria**. En el P aparecieron los caballos y se formaron varios sistemas montañosos.

Población: Conjunto o totalidad de los habitantes que habitan un **territorio** dado. **Objeto** de estudio de la **demografía**.
Población: Conjunto de individuos que

viven en un mismo lugar y que tiene la capacidad de reproducirse dejando descendencia fértil.

Pobreza: Según la **CEPAL**, la P incluye a aquellos hogares que no pueden satisfacer las necesidades básicas de sus miembros, quienes por ello no pueden desarrollarse física y psicológicamente ni adquirir ciertas habilidades socio-culturales que les permitirían salir de esa situación. Son características de la P: bajo nivel de **consumo**, desnutrición, condiciones habitacionales precarias, bajos niveles de **educación**, inserción laboral inestable, actitudes de desaliento, **anomia** y poca integración social. En la **Argentina**, para el **INDEC** es pobre quien no posee **ingresos** suficientes para adquirir una canasta básica de alimentos y servicios, mientras que es indigente el que ni siquiera puede cubrir un mínimo de proteínas y calorías. La P se mide a través de la llamada **línea de P.** En la actualidad, hay unas mil doscientas millones de personas en el mundo que viven con menos de un dólar diario y aproximadamente el 70 % de la **población** mundial es pobre, mientras en el otro extremo trescientas personas tienen cada una más de mil millones de dólares. A diferencia de estas definiciones, el **marxismo** ve a la P en términos de población sobrante, es decir la masa de desocupados más sumergidos, lo más bajo del **ejército industrial de reserva.** En este sentido, la P no sería una consecuencia no querida del **capitalismo** sino una herramienta para bajar **salarios** y regimentar a la **clase obrera.** (Ver también **P estructural, P crónica, nuevos pobres, exclusión social** e **indigencia**).

Poder capilar (Michel Foucault): Presencia de las relaciones de **poder** en cada uno de los espacios sociales, por pequeños que sean. Así, existen **instituciones de secuestro** (asilo, escuela, oficina, cárcel, hospital); que disciplinan, controlan y vigilan a los **sujetos,** de modo que éstos no pueden escapar al poder, el que está presente en todos lados, todo el tiempo.

Poder disciplinario (Michel Foucault): **Poder** que -en lugar de prohibir, sacar y retirar- tiene como **función** "enderezar conductas". El PD se basa en un juego de vigilancia, donde cada mirada es un engranaje de la maquinaria del poder. No encadena para reducir o para impedir, sino que busca utilizar aquello que somete: separa, analiza, diferencia, identifica, individualiza, condiciona, domina. La disciplina "fabrica" **individuos** a los que usa y modela, calculando sus reacciones. Se trata de un **micro-poder** que no es grandilocuente como el poder del **Estado,** que es modesto pero permanente y que termina invadiendo a esas formas "macro" del poder. El PD funciona en las cárceles, en las **fábricas,** en las escuelas, en la **familia,** en los hospitales, etc. Todo este poder es múltiple, automático y anónimo: no pertenece a nadie en especial, pero nadie puede escapar a él. El PD está en todas partes y controla aún a los que controlan. Es un poder discreto, que funciona permanentemente y en silencio. Su **modelo** ideal es el **panóptico**.

Poder pastoral (Michel Foucault): Forma del **poder disciplinario** que gobierna la vida privada de las personas. Por el PP, el "pastor" (un médico, un cura, un carcelero, un maestro, un **capitalista**, etc) se ocupa de cada "oveja" (un paciente, un creyente, un preso, un alumno, un **obrero**, etc) durante toda su vida explorando qué piensan y sienten las mismas, hasta hacerles revelar sus secretos más íntimos. El **poder** que vuelve al pastor apto para conducir conciencias es un poder productor de **saber**. El PP –originado en el poder **eclesiástico**, pero extendido a todos los espacios sociales- no es un poder institucional sino de un poder que llega hasta los puntos más alejados de la decisión **política**. No funciona sólo a través de los **aparatos de Estado** sino fuera, al lado y por debajo de ellos. Es un **poder panóptico** normalizador, un **micro-poder**, un **poder capilar**. Las relaciones que lo forman atraviesan todo el cuerpo social hasta encarnarse en la **vida cotidiana** y en los cuerpos de los **individuos**.

Poliandria: Matrimonio de una mujer con varios hombres. Opuesto: **poliginia**.

Poligamia: Matrimonio con más de un cónyuge de cualquiera de ambos sexos. Opuesto: **monogamia**.

Poligenismo: Posición que admite varias explicaciones acerca del origen del **hombre** y cuestiona la explicación bíblica del origen humano –el llamado **monogenismo**-.

Poliginia: Matrimonio de un hombre con varias mujeres. Opuesto: **poliandria**.

*Potlach***: Institución** del grupo *Kwakiutl*, nativos de la costa noroeste de América del Norte. El P es una fiesta en la que se destruyen y regalan toda clase de riquezas –incluida una placa de bronce de donde proviene el término- con el fin de mejorar la **distribución**, otorgar **prestigio** a los que más regalan y generar obligaciones a quienes reciben las donaciones. El primero en explicar el P fue el antropólogo Franz **Boas**, uno de los más influyentes analistas de la **etnografía**. A Boas le llamó la atención que el P contradice la **lógica** del *homo economicus* **capitalista**. Una institución similar se observó en Nueva Guinea, con los llamados "grandes hombres" que obsequiaban cerdos, y en las islas Trobriand del Pacífico occidental, donde los objetos obsequiados eran collares y brazaletes.

Práctica (Pierre Bourdieu): Ejecución o puesta en acto del *habitus*.

Precámbrico (2.500.000.000-550.000.000 a.C.): La segunda de las eras **geológicas**, posterior al período **Arcaico** y anterior al **Cámbrico** o **Paleozoico**. En este período aparecieron las bacterias y se formaron la litósfera, la atmósfera y la hidrósfera.

Prehistoria (2.500.000.000-3.200 a.C.):

Período histórico que abarca desde la aparición de los **homínidos** hasta la aparición de la escritura. Se divide en la **Edad de Piedra** (Paleolítico) y la **Edad de los Metales** (Neolítico). También, dícese de la etapa que surge al final del Neolítico y se caracteriza por la técnica de extracción y elaboración de metales. Se divide en tres edades: **Edad del Cobre**, **Edad del Bronce** y **Edad del Hierro**. Finalmente, nombre de la disciplina que estudia ese período y que se sirve de la **arqueología** como fuente.

Prehomínidos: Homínidos **fósiles** de características primitivas, aparecidos en el **Pleistoceno** inferior. En los P, encontramos los caracteres de los simios **antropoides** y de los precedentes del **hombre: bipedismo**, capacidad craneana similar, etc.

Prejuicio: Creación de un **estereotipo** social a partir de determinado **sistema de valores**, que deja de lado consideraciones **objetivas** y se basa en sentimientos positivos o negativos, lo que deriva en una falsa opinión o creencia sobre algo o alguien.

Prestigio: El P (social) es uno de los elementos considerados por **Weber** en su **teoría** de la **estratificación social**, junto con el **poder** (político) y la **riqueza** (económica). Se trata de un atributo social vinculado con el **honor** o respeto ligado a una **posición social** o profesión. Como reconocimiento o reputación del que un **individuo, grupo**, organización o profesión goza dentro de la **sociedad**, el P es fundamental para determinar el *status* individual o grupal y su pertenencia a determinado **estamento**. Las causales de P son: el éxito económico, el estilo de vida, la **educación**, el tipo de **trabajo**, las **costumbres**, los gustos, los modales, las tradiciones, las convenciones, el **carisma** (mágico, político o religioso), el nacimiento o la pertenencia a una **aristocracia** hereditaria, las posesiones, etc.

Prestigio social: Ver **prestigio**.

Primates: Orden de los mamíferos placentados. Se dividen en prosimios y **antropoides**, y se diferencian del resto de los mamíferos –de los cuales se separaron hace unos 70 millones de años– por rasgos que les proporcionan posibilidades de supervivencia en ambientes con abundante vegetación. Características: cinco dedos (pentadactilia) con capacidad prensil, con el pulgar oponible al índice, visión estereoscópica (permite obtener imágenes en relieve, profundidad de campo y capacidad para calcular distancias), cráneo de gran volumen, columna vertebral flexible (posibilita sentarse o erguirse y permite liberar las extremidades superiores de la postura corporal), un aparato digestivo en condiciones de absorber grandes cantidades de celulosa (propia de dietas frugívoras y herbívoras, al tiempo que el consumo de hojas requiere capacidad fisiológica para tolerar toxinas), y escaso número de crías por camada (y larga etapa de dependencia de los adultos, lo cual permite aprendizaje de abundante información y conducta flexible).

Primitivo: Ver **hombre primitivo**.

Proceso de hominización: Proceso adaptativo del hombre a los diferentes **hábitat** a lo largo del tiempo, que trae aparejados cambios anatómicos y biológicos.

Profano: Lo que no tiene relación con la **religión** y forma parte de la **vida cotidiana. Secular, laico, seglar**. Opuesto: **sagrado**.

Prohibición del incesto (Claude Lévi-Strauss): Regla universal que prohíbe la relación sexual con parientes consanguíneos, con el fin de garantizar la **exogamia. Lévi-Strauss** entiende que no existe ningún período de la **historia** humana en que pueda hablarse de un **estado de naturaleza** (como el que postulaban los **contractualistas**), ya que vivir en la **cultura** es parte de la definición de lo humano. Para que no haya habido cultura, tendríamos que poder encontrar una **sociedad** que -por más primitiva que fuera- no tuviera reglas o **normas** culturales. Lo que niega categóricamente Lévi-Strauss es que el instinto o lo "natural" haya existido en un estadio pre-cultural. La PDI es la única regla universal que podemos encontrar. Ahora bien, la PDI no es biológica, ya que la variación que se puede dar en esto es que "pariente" puede significar cosas diferentes según la sociedad de que se trate. De este modo, la PDI se aplica a todos aquellos que son considerados parientes, cumpliendo una **función** de orden simbólico, que en cada cultura se aplicará de modo diferente. Se trata de una regla de donación que tiene como consecuencia estimular la **lógica** del intercambio. El doble carácter -universal y particular- de esta regla es lo que permite ubicarla como bisagra entre naturaleza y **cultura**. Todo lo universal en el hombre es natural y espontáneo, mientras que todo lo que se sujeta a una norma es cultural, relativo y particular. La PDI -al no ser ni puramente natural, ni puramente cultural- sería el pasaje de la naturaleza a la cultura, ya que tiene el carácter universal de la naturaleza, pero el carácter distintivo de la cultura, imponiendo una restricción no biológica. Es un vínculo que transforma un comportamiento natural en uno social y cultural. En la prohibición, lo importante no es la prohibición de **matrimonio** entre determinadas personas sino la **relación social** que establece, organizando el matrimonio en base a la exogamia, trascendiendo la organización biológica (necesidades) en social. Son esos nuevos lazos sociales los que constituyen el contexto para el surgimiento de la cultura. **Harris**, por su parte, ha rechazado la explicación sobre el origen del **incesto** por una aversión del instinto humano y ha destacado las causas materiales y sociales (demográficas, económicas, económicas y ecológicas), línea que también ha desarrollado la **antropología marxista**.

Propiedad privada: Tipo de **propiedad**

en que los **medios de producción** y los **productos** del **trabajo** pertenecen a particulares. Para el **contractualismo** y la **economía clásica**, la propiedad es un **derecho** natural. Para el **marxismo**, la PP determina la división de la **sociedad** en dos **clases**, una propietaria y la otra no propietaria, y la consiguiente formación del **Estado**. Según Marx, la PP es resultado de la **explotación** del trabajo ajeno, mientras que la **propiedad personal** surge del propio trabajo.

Propiedad tribal: Tipo de **propiedad** característico de **sociedades** con una **división del trabajo** muy primitiva, con un nivel de vida al nivel de subsistencia y una economía basada en la caza, la pesca, la cría de ganado y la **agricultura**. Su **estructura social** se basaba en un **sistema patriarcal** (gobierno de los jefes de tribus o ancianos).

Psicología de grupos (década de 1950 →): La PG o **Psicología de las relaciones intergrupales**, analiza las diferentes formas que los individuos tienen para relacionarse. Hay diversas escuelas y tendencias: aquellas que se centran en el estudio de las relaciones del **individuo** con el **grupo**; aquellas que se centran en el estudio del grupo como totalidad y por último aquellas que se centran en las relaciones internas al grupo. Se pueden plantear además los desarrollos de la **"dinámica de grupos"** de Kurt **Lewin**, en el ámbito primero de **Alemania** y luego sobre todo en los **Estados Unidos**. También es dable comentar los desarrollos del **psicoanálisis** en este campo; a partir de los aportes de Wilfred Bion, Ezriel y Sutherland, en el plano terapéutico y de Didier Anzieu en el plano de lo **imaginario** de los grupos, que sirvieron entre otras construcciones teóricas a la creación de la **Psicología social** de Enrique **Pichon Rivière**.

Psicología histórico-cultural (Lev Vigotsky, 1927 →): **Psicología** de raíz **marxista** desarrollada por **Vigotsky** en la **URSS**, que plantea la necesidad de estudiar los **fenómenos** mentales como procesos en constante movimiento y cambio, oponiéndose a planteos **asociacionistas**, **idealistas** y reduccionistas imperantes en distintos sistemas psicológicos de la época. La nueva Psicología fundada por Vigotsky utiliza métodos y principios del **materialismo dialéctico** y el análisis genético y tiene una concepción histórica del desarrollo. Plantea que toda función intelectual debe explicarse a partir de su relación esencial con las condiciones históricas y culturales. Para la PHC los procesos psicológicos emergen de la actividad práctica culturalmente mediada, desarrollada históricamente; las funciones psicológicas superiores del ser humano tienen su origen en la vida social. Con su concepto de **"zona de desarrollo próximo"** (ver), Vigotsky mostró la importancia de la acción socio-cultural en el **proceso** de enseñanza y aprendizaje. De este modo, la PHC o **Psicología socio-histórica** rechaza la idea de que la **educación** sea una mera suma de reflejos basados en el esquema biologicista **estímulo-respuesta**. La **cultura** transforma a un ser viviente en un **sujeto**, que se constituye y se subjetiviza mediante la apropiación, esto es, la interiorización que lleva a cabo de los instrumentos culturales y **semióticos** (influencia de **Bajtin**). En esta corriente, además de Vigotsky, se destacaron los soviéticos Alexei Leontiev y Luria.

Psicología institucional: Rama de la **Psicología social** que estudia los **fenómenos** humanos que se dan en relación con la **estructura**, la dinámica, las funciones y los objetivos de las **instituciones**. La PI, por lo tanto, se ocupa del estudio de los factores psicológicos que se hallan en juego en la institución. El ser humano encuentra en las instituciones un soporte, un apoyo, un elemento de seguridad, de identidad, de inserción social o pertenencia. Desde el punto de vista psicológico, la institución forma parte de la personalidad.

Psicología social (principios del siglo XX →): Rama de la **Psicología** que estudia la **conducta** de los individuos a nivel grupal y social. Se inició en Europa pero adquirió su verdadero desarrollo en **Estados Unidos**. Sus iniciadores norteamericanos fueron E. Ross y W. Mc Dougall. Para Kurt **Lewin**, el individuo actúa en el marco de un **"espacio vital"**, un **campo social** que lo condiciona. Para algunos autores -como Serge Moscovici- la PS estudia los **fenómenos** de la **ideología** (**conocimiento** y representaciones sociales) y la **comunicación**. Se trata de un enfoque que entiende que el **sujeto** es comprendido en relación a otro sujeto y a un **objeto** determinado. Moscovici entiende al **individuo** como una constelación habitada por una **sociedad** en sí misma. En el individuo están su familia, sus amigos, los personajes que admira, etc. Con influencias de la **Sociología**, el **materialismo dialéctico**, la **teoría del campo** y el **psicoanálisis**, Enrique **Pichon Rivière** entiende que la PS estudia la realidad total en su carácter dialéctico y de cambio. No pone el acento en la familia, sino en la interacción entre la familia y la sociedad. Los polos de esa dialéctica son la **estructura social** -individuos, familia, **instituciones**, sociedad- las fantasías inconscientes y la necesidad. Pichon Rivière da a la PS una posición crítica y con finalidad de transformación frente a la **vida cotidiana** y a la sociedad existente, definiéndola en *Aportaciones a la didáctica de la Psicología social* como la "Disciplina que indaga la interacción en sus dos aspectos, intersubjetivos (grupo externo) e intrasubjetivos (grupo interno)... (y)...se orienta hacia una **praxis** donde surge su carácter instrumental." La PS se desdobló en dos corrientes: una que estudia la interrelación en tanto agrupamientos, instituciones, comunidades, con sus correlativos problemas de los **roles** en ellos, y la otra, que entiende que toda psicología humana es social, ya que se estudia un ser cuya condición humana es, precisamente, la de ser social. La PS aparece también como una disciplina **empírica**, que procura soluciones para los conflictos existentes en las sociedades industriales y urbanas entre los grupos sociales. Así,

Lewin desarrolló **experimentos** de laboratorio con grupos pequeños, constituyendo una suerte de microsociología, y se destaca también la experiencia realizada por S. Milgram en la década de 1970 acerca de la obediencia ciega a la autoridad. Criminalidad, investigaciones de mercado, técnicas educativas, campo laboral, prevención, son algunos de los vastos terrenos en los que interviene la PS.

Pull: Visión que –frente a la cuestión de la **inmigración**- enfatiza las **virtudes** económicas de los lugares de destino. Se utilizó el término para analizar la **inmigración** a **Estados Unidos** o **Argentina** durante el siglo XIX y principios del siglo XX. Opuesto: *push*.

Push: Visión que –frente a la cuestión de la **inmigración**- enfatiza las difíciles o malas condiciones existentes en los países de origen, que provocan la expulsión de **población**. Se utilizó el término para analizar la **inmigración** a **Estados Unidos** o **Argentina** durante el siglo XIX y principios del siglo XX. Opuesto: *pull*.

R

Racismo: Doctrina que plantea la superioridad biológica de razas supuestamente puras por sobre otras, y que según algunos autores encubre un mecanismo **ideológico** de **dominación**. Si bien ya desde **Aristóteles** se buscó justificar el R biológico y la **colonización** española fue claramente racista, es relativamente reciente el intento de hacerlo desde una supuesta **ciencia**. En ello jugó un papel importante la **teoría de la evolución** que, con su afirmación de la **supervivencia del más apto**, justificó la política expansionista de las potencias **capitalistas** de los siglos XIX y XX. Así, la teoría de **Darwin** fue simplificada, deformada y adaptada a los intereses **imperialistas**, que crearon el **darwinismo social**. Así, por ejemplo, el conde de Gobineau planteó en 1853 la superioridad de la **raza** blanca. Se ha criticado al R el hecho de que la raza pura no existe: es imposible identificar a un determinado grupo racial con un determinado y único tipo biológico y además, de existir (hipotéticamente) una superioridad biológica, ello no implica superioridad psicológica o cultural. Según la **UNESCO**, el R sería la valoración de las diferencias biológicas, reales o no, en beneficio de un acusador, con el fin de justificar su agresión contra una víctima. (Ver también **nazismo** y *apartheid*).

Radcliffe-Brown, Alfred Reginald (1881-1955): Antropólogo y etnólogo británico, uno de los representantes más importantes del **estructural-funcionalismo**. Influido por **Durkheim**, intentó acercar la **Antropología** al campo de las **Ciencias Naturales**. Según RB, el **método** de la Antropología debía basarse en la comparación sistemática. Partiendo de la **observación experimental** (estudió temas como relaciones de parentesco y organización familiar) se debían establecer **generalizaciones inductivas**.

Conceptos fundamentales que aportó RB para la Antropología, el **funcionalismo** y las **Ciencias Sociales** en general, fueron los de "**estructura**" y "**función**". Su idea central es que todo **sistema** social es un conjunto funcional donde las partes intervienen armónicamente, reproduciendo a la **estructura social**. Entre sus obras principales encontramos a: *Método de la Antropología social* (1948) y *Estructura y función en la sociedad primitiva* (1952).

Ramapithecus (13.000.000-8.000.000 a.C.): Es el antecedente del **homínido** más antiguo que se conoce. Vivió en el **Mioceno** y tenía rasgos parecidos al del *australopithecus*. Fue descubierto por G. E. Lewis en 1932, en el norte de la **India**.

Raza: Según H. Vallois, la R es un concepto que designa a hombres o animales con caracteres físicos hereditarios comunes, independientemente de los factores culturales. Posteriores definiciones han cuestionado esa visión, a la que acusan de **etnocéntrica** ya que justificaría un supuesto **determinismo** racial que sostiene la existencia de **culturas** derivadas de R superiores e inferiores. La R es un concepto abierto, a diferencia de la **especie** -que es un concepto cerrado- (las especies no se mezclan).

Raza social: Fenómeno socio-cultural formado por **grupos** de **significación subjetiva**, siendo el instrumento de **cohesión** la descendencia (por ejemplo, gitanos, judíos, japoneses o mapuches). Es decir que, a diferencia de la **raza** como categoría **objetiva**, en la RS juega el sentimiento de pertenencia e identidad.

Rebelión (Robert Merton): Categoría propuesta por este sociólogo **funcionalista** que se entiende como la situación donde las metas, los **valores** y los medios sociales tradicionales son superados por otros nuevos. Gluckman la distingue de la **revolución**: mientras que la R implica el desplazamiento de los **individuos** que ejercen el **poder**, la revolución es más profunda, ya que se trata de un cambio de **sistema** en el que el poder opera.

Reciprocidad: Forma de intercambio de **objetos** de **valor** entre **individuos**. La R cumple la **función** de establecer o reforzar las relaciones interpersonales. Para C. Renfrew y P. Bahn, para que exista R debe haber igualdad de condiciones entre las personas que realizan los intercambios.

Refugiado: Persona que es acogida en un país extranjero por la persecución -**política**, racial, religiosa- sufrida en el propio o por otros factores sociales -**guerras**, **revoluciones**, etc- o naturales -terremotos, etc-.

Registro arqueológico: La **evidencia arqueológica** y los procesos que hayan actuado sobre la misma durante el tiempo en que haya estado enterrada (excavaciones, recolecciones, etc).

Registro fósil: Indicios directos acerca de la **historia** evolutiva de la vida.

Regla del incesto: Ver **prohibición del incesto.**

Reificación: Actitud de tomar los **fenómenos** humanos (ideas, procesos, relaciones, propiedades, etc) como si fuesen cosas, en términos no humanos o suprahumanos, como si fueran algo no creado por los humanos, como hechos naturales, divinos, etc. Cuando hay R, el hombre olvida que él mismo ha creado el mundo humano, y ve un mundo deshumanizado. Se dice entonces que el hombre está **alienado** o tiene una **falsa conciencia** (**Marx**). Así, por ejemplo, se critica a **Durkheim** el que sus **hechos sociales cosificados** son un ejemplo de R.

Reino de la libertad (Karl Marx): Denominación dada por **Marx** a la situación de los hombres en la **sociedad comunista.** Requiere un desarrollo altísimo de las **fuerzas productivas,** la desaparición de la división entre el **trabajo manual** y el **trabajo intelectual** y la reducción de la jornada de **trabajo** a un mínimo, entre otras características. Marx imagina que en el comunismo, el desarrollo de las fuerzas productivas será tan alto y la riqueza producida será tan abundante –y disponible para todos- que ninguna persona tendrá que penar en su vida por no tener trabajo o por tenerlo en exceso. De ese modo, Marx imagina a un hombre que trabaje quizá unas pocas horas –la **tecnología** lo permitiría- y se dedicaría el resto del tiempo a vivir la vida, a disfrutar de su familia, de la naturaleza, del arte y de todo lo demás. En esta sociedad rige el principio "**De cada cual según su capacidad, a cada cual según su necesidad.**"

Reino de la necesidad (Karl Marx): Denominación dada por **Marx** a la situación de los hombres anterior a la instauración de la **sociedad comunista.** La necesidad se explica porque en esa fase aún subsiste la división entre el **trabajo manual** y el **trabajo intelectual,** las **fuerzas productivas** no se han desarrollado lo suficiente y el **trabajo** sigue siendo considerado un medio de subsistencia. En esta sociedad rige el principio "**De cada cual según sus capacidad, a cada cual según su trabajo.**" La primera etapa en el camino al comunismo -el **socialismo**- nace directamente de la sociedad **capitalista,** por lo que todavía recibe sus influencias (por ejemplo, el egoísmo o la competencia). Allí, la gente aún está acostumbrada a hablar de "lo mío" y "lo tuyo". Por eso, en dicha fase la **distribución** se haría en base al **trabajo** aportado por cada uno. Se trata aún, de un **derecho** que -por igualar en el trabajo- es desigual (ya que algunos pueden rendir más que otros).

Relaciones de producción (Karl Marx): Relaciones económico-sociales fundamentales de un **modo de producción** (su **base económica**) que dependen del nivel de **desarrollo** de las **fuerzas productivas.** Relaciones sociales de **explotación** entre las **clases sociales,** necesarias e independientes de la voluntad de los hombres. Las RP dan forma a la **estructura** de **clases** y a determinadas formas económicas y políticas. Dependen de la desigual apropiación de los **bienes**. También se las puede definir como las diferentes formas que tienen los hombres de asociarse para llevar a cabo el **proceso de producción**, en torno a la **propiedad** o no propiedad de los **medios de producción**. Junto con las fuerzas productivas, las RP configuran a un modo de producción.

Relativismo cultural: Postura metodológica que plantea que el antropólogo debe estudiar la diversidad de las sociedades, examinando las particularidades de cada una, más que comparar culturas. Oponiéndose al **evolucionismo positivista** y al **etnocentrismo** el RC sostiene que no se puede juzgar a una **cultura** desde **sistemas** de valores ajenos a la misma: cada **sociedad** tiene derecho a desenvolverse en forma autónoma. Al RC se le ha criticado que parte de la **premisa** falsa de que las culturas son puras, pudiendo aislarse unas de otras, cuando la realidad es la opuesta: por ejemplo, en la actualidad, el **capitalismo** domina todas las culturas, no respetándolas. El **particularismo histórico** de **Boas** es uno de los principales representantes del RC. También se adjudica una postura relativista al epistemólogo P. Feyerabend. (Ver también **perspectiva** *etic* y **perspectiva** *emic*).

Religión: Conjunto de creencias, **dogmas, normas, valores** y **ritos** acerca de la Divinidad, que promueven sentimientos de veneración y temor, y subordinan la vida del **hombre** a un orden superior divino. Desde el **funcionalismo**, E. **Durkheim** vio a la R como una creencia que se define por lo que hace, por su manera de actuar, cumpliendo la **función** de reforzar la solidaridad social. Distinguió, en este contexto, lo **sagrado** de lo **profano**.

Restos fósiles: Ver **fósil.**

Retraimiento (Robert Merton): Categoría propuesta por este sociólogo **funcionalista** que se entiende como la situación en la que una **sociedad** carece de metas y de medios.

Revolución Neolítica (8.000-3.000 a.C.): Término acuñado por G. Childe para describir el salto producido en el **desarrollo** económico y social basado en la **agricultura** (trigo), la domesticación de animales y la artesanía. Sus consecuencias fueron fenomenales: en primer lugar, la **tribu** ya no necesitó migrar detrás de las manadas de animales que constituían su alimento. Así, surgió el modo de vida **campesino** y nacieron las primeras ciudades. Tampoco necesitó restringirse a zonas tropicales (ricas en frutos): al poder llevarse a sus animales y plantar semillas en otras tierras, se amplió enormemente el territorio en el que el hombre pudo vivir. Se poblaron las zonas templadas y comenzaron las grandes **migraciones**. Por primera vez, la **productividad** del **trabajo** humano sobrepasó la capacidad de **consumo** inmediata del productor directo.

Así, un pastor pudo cuidar ovejas que alimentaran a decenas de hombres y lo mismo le sucedió a un agricultor en relación con la **siembra**. Ese **excedente** que supera la capacidad de consumo individual de la persona que lo produce pudo ser -por primera vez- acumulado (ganado en pie o **granos**). Con ese excedente acumulable, surgió también, por primera vez en la historia humana, la posibilidad material de la **explotación** del trabajo humano ajeno y con ello, la división de la sociedad en dos **clases**: una explotadora, que vive del trabajo ajeno y otra explotada, que con su trabajo sostiene a la clase explotadora. Se considera al surgimiento de la escritura como el hecho que determina la finalización del **Neolítico**.

Rito: Acción repetida, con contenido simbólico, realizada por los **pueblos**, para celebrar **hechos sociales** de relevancia o momentos clave del ciclo vital de las personas (R de **iniciación**). Puede estar ligado a cuestiones religiosas o mágicas y se expresa en forma de **mitos** y **símbolos**. Según E. Evans-Pritchard, el R o ritual expresa la identidad individual o colectiva y ayuda a aliviar tensiones y cohesionar a la **sociedad**.

Ritualismo (Robert Merton): Categoría propuesta por este sociólogo **funcionalista** que se entiende como la situación donde los **individuos** consideran que las metas o fines sociales planteados son negativas, y sólo se aprueban los medios.

Rol (Robert Merton): Índice de comportamiento que define determinadas situaciones estandarizadas a partir de **normas** que establecen **conductas** predeterminadas. Por ejemplo, cuando una persona va al médico sabe que en esa situación puede hacer ciertas consultas y no otras, de acuerdo a los R pre-establecidos del médico y del paciente. Puede preguntar sobre temas concretos de salud, pero no sobre el destino o la vida sentimental (para eso sería más adecuado el R de una adivina o bruja). Para desempeñar un R siempre es necesario otro desempeñando otro R (médico-paciente, maestro-alumno, padre-hijo, etc). El R o **papel social** es independiente de las características personales de cada **individuo**. Así, si el *status* social es lo que la **sociedad** piensa que el individuo *es*, el **R social** es lo que la sociedad piensa que el individuo *hace*. A cada *status* o posición que un individuo o grupo ocupa en la **estructura social** le corresponde cierto R o comportamiento socialmente esperado.

Rol social (funcionalismo): Lugar **objetivo** que ocupa cada **individuo** en la **sociedad** de acuerdo con su capacidad personal. Otra definición describe al RS como la pauta de **conducta** que se espera de las personas que ocupan un *status* determinado. (Ver también **rol**).

Rousseau, Jean Jacques (1712-1778): Filósofo y pedagogo suizo radicado en **Francia**, figura clave del **contractualismo** y el pensamiento de la **Ilustración**. En su *Discurso sobre los orígenes de la* *desigualdad entre los hombres* (1755) denunció la corrupción **moral** de la Humanidad. Concibió a un hombre con una bondad originaria, en el **estado de naturaleza**, corrompido con el surgimiento de la **propiedad privada** y la **civilización**. Su obra fundamental fue, sin duda, *El contrato social* (1762), en la que sentó las bases del pensamiento **iluminista** de la **pequeña burguesía** democrática, que influyó en la **Revolución Francesa**. En esa obra, presentó al **Estado** como la unidad de la voluntad individual con la voluntad colectiva o **voluntad general** y reivindicó la **democracia directa**. El contrato social rescata lo mejor del estado de naturaleza y de la **sociedad** implantando las condiciones sociales más convenientes para todos, a través de la voluntad general, única fuente de **soberanía** y del **interés general**, que "obliga a los hombres a ser libres".

S

Salvajismo: Según el **evolucionismo**, primer estadio cultural, o etapa de los **cazadores-recolectores**. Se divide en inferior (recolección de frutos silvestres), medio (pesca, origen del lenguaje, uso del fuego) y superior (utilización del arco y la flecha). Al S le sucedieron la **barbarie** y la **civilización**.

Sanción (funcionalismo): Mecanismo o **norma** reguladora que castiga los comportamientos que atentan contra la reproducción del **equilibrio social**.

Sanción represiva (Émile Durkheim): Aplicación a un **individuo** de un castigo determinado por haber transgredido una **norma**. La SR es propia del **derecho penal**. Es el tipo de **derecho** que se aplica en la forma de **solidaridad mecánica**, ya que en el cumplimiento de la norma influye en forma decisiva el miedo al castigo. Opuesto: **sanción restitutiva**.

Sanción resarcitoria: Ver **sanción restitutiva**.

Sanción restitutiva (Émile Durkheim): Reestablecimiento del orden existente al momento de que se violara una **ley**. Por ejemplo, un hombre inicia un **juicio** por daños y perjuicios para que se le restituya la pérdida que lo llevó a iniciar el **pleito**. Es el tipo de **derecho** que se aplica en la forma de **solidaridad orgánica**. El fundamento de este tipo de adhesión a la **norma** está determinado por el reestablecimiento del derecho que le corresponde al otro. Opuesto: **sanción represiva**.

Secta: Grupo religioso –aunque se utiliza por extensión para otro tipo de grupos, como el *Ku Klux Klan* o la **masonería**- en general de pocos integrantes y con ideas extremas y dogmáticas.

Sedentarismo: Condición de un **pueblo** que se establece en un lugar fijo, donde produce lo necesario para subsistir. Opuesto: **nomadismo**.

Segregación: Acto intolerante, que consiste en apartar, separar o aislar del conjunto de la sociedad a ciertos **individuos** o grupos. Forma de **discriminación** de origen diverso: racial, religioso, de **clase**, sexual, de **castas**, etc. Puede derivar en la formación de *ghettos.*

Selección natural (Charles Darwin, 1819): Concepto clave de la **teoría de la evolución** que plantea que el medio ambiente natural determina cuáles son los **individuos** más aptos para sobrevivir en la lucha por la vida. Así, por ejemplo, ciertas razones ambientales hacen que en un determinado momento sobrevivan las mariposas de alas negras, en vez de las de alas blancas (las mariposas negras en una ciudad con mucho hollín pueden camuflarse mejor y así protegerse de los predadores y reproducirse). Los procesos que causan pequeños cambios se acumulan a gran escala produciendo grandes cambios. La acumulación de grandes cambios produce nuevas **especies** (ver *El origen de las especies por medio de la selección natural*).

Semicolonia: País que es formalmente libre en lo político, pero que sufre una fuerte **dependencia** económica con respecto a alguna potencia. Es el caso de la mayoría de los países africanos, asiáticos, centroamericanos y –hasta cierto punto– sudamericanos.

Sexo: Cualidad anatómica y fisiológica que diferencia a los machos de las hembras. A diferencia del **género**, el S es un concepto natural y estático.

Situación colonial: Según plantean algunos enfoques antropológicos, la SC sería el conjunto de características que define al período de la **colonización** americana. Entre sus elementos principales tenemos: la discriminación étnica, la dependencia política, la inferioridad social, la **segregación** residencial, la sujeción económica y la incapacidad jurídica de los indígenas americanos.

Social (funcionalismo): Resultado de la suma de hechos y acciones individuales.

Socialdarwinismo: Ver **darwinismo social.**

Socialismo (siglo XIX →): Según el **marxismo**, el S es una **doctrina** que plantea como fin la **propiedad colectiva de los medios de producción** y como medio la **revolución social** contra el **capitalismo** por parte de los **trabajadores**, a escala mundial. El S marxista –cuyo antecedentes pueden rastrearse en el **jacobinismo** francés y el **S utópico** de **Saint-Simon**- es hostil al **Estado**, aspirando a delegar las funciones de éste en una **sociedad** formada por productores libres, en una sociedad sin **clases.** Para las corrientes **reformistas** –las **socialdemócratas** o las autoproclamadas socialistas-, lejos de oponerse al capitalismo y al Estado, el S es sinónimo de un **capitalismo** social con fuerte intervención estatal en el **mercado**, con el fin de alivianar las desigualdades sociales. Una variante especial de S es el llamado **stalinismo** que -desde la **U.R.S.S.**- planteó el **S en un solo país**, caracterizado por el rechazo de los planteos marxistas y **leninistas** y la concentración de los medios de producción en manos de un Estado controlado por una fuerte **burocracia nacionalista**, modelo adoptado luego por otros países, entre ellos **China**. En otro sentido, **Marx** utiliza el término S para definir a la primera fase en la transición del capitalismo al **comunismo**. En el S, los medios de producción son socializados y desaparece la **explotación del hombre por el hombre** y toda forma de discriminación, pero subsisten aún tendencias provenientes de la vieja sociedad capitalista, por ejemplo, en lo relativo al **consumo** (donde los productos del trabajo se distribuyen –no de acuerdo a la necesidad (criterio que se impone en el comunismo)- sino según el trabajo aportado por cada uno). Continúan en vigencia todavía el **derecho** y el Estado, aunque a través del **gobierno** de los **trabajadores** o **dictadura del proletariado** el cual –con la paulatina desaparición de las **clases sociales**- se irá extinguiendo, para entrar en la fase comunista. De todas formas, estos planteos son muy generales, ya que Marx dijo alguna vez: "No soy el cocinero que provee las recetas del porvenir".

Socialismo científico (Karl Marx y Friedrich Engels): Conjunto de postulados del **marxismo** o **materialismo histórico**, planteado como superación del **socialismo utópico**.

Socialización primaria (Peter Berger y Thomas Luckmann, 1968): Internalización por parte del **individuo** de los **hechos sociales objetivos**, que tienen un **significado** determinado en la **sociedad** en la que ese individuo nace. Así, lo que es significativo para los otros se vuelve significativo para el nuevo individuo. La internalización es la base para la comprensión de los semejantes y para la aprehensión del mundo en cuanto realidad significativa y social. El individuo "asume" el mundo en el que ya viven otros: no sólo vivimos en el mismo mundo sino que participamos cada uno en el ser del otro. Recién allí puede considerarse al individuo como parte de la sociedad. Las definiciones que los otros significantes (las otras personas que dan significado a las cosas) hacen de la situación del individuo le son presentadas a éste como la realidad objetiva. El mundo que se le muestra al niño –en realidad, uno entre tantos otros posibles- a éste se le aparece como "el" mundo, el único que existe y que se puede concebir. La SP finaliza cuando el concepto del *otro generalizado* se ha establecido en la **conciencia** del individuo, siendo a esa altura ya miembro efectivo de la sociedad.

Socialización secundaria (Peter Berger y Thomas Luckmann, 1968): Internalización de "submundos" institucionales o basados sobre **instituciones**. Es la adquisición del **conocimiento** específico de "roles" arraigados en la **división del trabajo** y de los **lenguajes** utilizados en relación con esos roles, además de los elementos afectivos. Estos submundos son realidades parciales, que tienen también su aparato legitimador y van acompañados por **símbolos** rituales o materiales. Los roles de la SS tienen un alto grado de anonimato, es decir que se separan fácilmente de los **individuos**: el mismo conocimiento que enseña un maestro puede enseñarlo otro. En cambio, el rol de los padres en la **socialización primaria** es irremplazable.

Sociedad: Grupo de personas, **familias** y **pueblos** que conviven en un mismo **territorio**. Todo agrupamiento humano, toda relación organizada o no, directa o indirecta, consciente o inconsciente, de cooperación o de antagonismo. La naturaleza social de **Aristóteles** (el *zoon politikon*), la **teoría** del **contrato social** y la teoría de la **acción social** de **Weber** son diversos modos de explicar el origen y/o el fundamento de la S. Para el **funcionalismo**, la S es una serie de **roles** y *status* relacionados, que están institucionalmente establecidos. El **marxismo** considera que la S implica la organización de la **producción** material, lo que determina determinadas relaciones históricas de **propiedad**, distintos **modos de producción** y la existencia de la **lucha de clases.**

Sociedad abierta: Sociedad donde es posible la **movilidad social.** La sociedad moderna de **clases** es un ejemplo de SA. Opuesto: **sociedad cerrada.**

Sociedad cerrada: Sociedad donde no es posible la **movilidad social** ni ninguna forma de pasaje o movimiento de los **individuos** entre los distintos **estratos** o **estamentos**. Son ejemplos de SC la **sociedad feudal** (aunque en el **sistema** estamental había formas excepcionales de movilidad) o el sistema de **castas**. Opuesto: **sociedad abierta.**

Sociedad de masas: La SM surgió a fines del siglo XIX, pero se consolidó definitivamente en el siglo XX. Los autores que han trabajado el concepto –Mannheim, Ortegati, Pellicani, Kornhauser– definen a la SM como una **sociedad** en la que la gran mayoría de la **población** está comprometida en la **producción**, la **distribución** y el **consumo** de los **bienes** a escala amplia así como en la actividad **política** y donde existen modelos estandarizados de participación en la **cultura**, a través de los **medios de comunicación** masivos. La SM surge en un estadio avanzado del proceso de **modernización**, con la concentración de la **industria** en la producción de bienes de consumo masivo y la urbanización creciente, junto con el predominio de la **racionalidad formal** y la reducción de los márgenes de la iniciativa individual. En ese contexto, los vínculos tradicionales –como la **familia** y la **comunidad**– se debilitan, en beneficio de organizaciones formales y de grandes dimensiones, generando relaciones impersonales. Entre los críticos de la SM cabe destacar a **Le Bon, Nietzsche** y Ortega y Gasset, quienes lamentan la decadencia de los **valores** tradicionales –aristocráticos, elitistas– bajo la fuerza niveladora de las masas. También existe una crítica **libe-**

ral-democrática, que sostiene que la SM es la antesala del **totalitarismo**, ya que deja a las masas a merced de demagogos y déspotas.

Sociedad de órdenes: Ver **estado.**

Sociedad disciplinaria (Michel Foucault): Descripción de la **sociedad** de los siglos XVIII, XIX y especialmente del siglo XX: la sociedad que impone la **disciplina** y el control a los **individuos** en cada uno de los lugares de encierro de esa sociedad: la **familia**, la escuela, la **fábrica**, el cuartel, el hospital y, el modelo de todos ellos: la cárcel, el lugar destinado a los transgresores del "pacto social", a los que cometen **delitos**, dañando a la sociedad. El proyecto de la SD es el de someter a los individuos para convertirlos en **fuerzas productivas.**

Sociedad dual: Coexistencia, en una misma **sociedad**, de **estructuras** modernas, industriales y urbanizadas, con otras **arcaicas**, **agrarias** y rurales.

Sociedad estamental: Ver **estado.**

Sociedad *folk*: Desde el punto de vista del **Modelo Antropológico Clásico**, la SF es un conjunto social antropológico caracterizado por ser una **sociedad** aislada, que produce lo que consume y consume lo que produce.

Sociedad hidráulica: Término que refiere a las sociedades que dependen del agua para su subsistencia y su **desarrollo** económico.

Sociedad moderna: Tipo de **sociedad** que se desarrolló a partir de la expansión del **sistema** fabril, el que cambió la forma de producir de manera radical. La sociedad entró en su etapa industrial, el nivel de ingresos subió vertiginosamente y surgieron -después de la **Revolución Industrial**- nuevas riquezas e inventos que cambiaron la vida de las personas (teléfono, avión, computadoras, TV, etc).

Sociedad primitiva (Karl Marx): Sociedad en la que sólo se producen **valores de uso** destinados al **consumo** por parte de sus mismos productores, y que caracteriza a todas las sociedades anteriores al surgimiento de la **pequeña producción mercantil.** La SP se caracteriza por ser una **economía de subsistencia**, sin la **producción** de **excedente.**

Sociedad tradicional: Forma de organización social basada en una **economía de subsistencia** –reproduce lo que tiene, pero no genera **excedente**-, con bajo nivel de **productividad** y relaciones sociales, culturales y políticas estables, refractarias a los cambios. Un ejemplo típico es la **sociedad feudal** del Medioevo, pero –en general- se dice que toda **sociedad** previa a la **Revolución Industrial** es una ST. Entre las razones que llevaron al debilitamiento de la ST en la **Edad Media** encontramos: nuevas vías comerciales con fácil acceso, mejoramiento del transporte (sobre todo marítimo), cambios en el **consumo**, crecimiento de la **producción** artesanal hasta su conversión en manufacturera, aumento de la producción **agrícola**, **migraciones** a las ciudades, desarrollo de los **bancos**, **acumulación de capital**, concentración de la **propiedad** de la tierra, aumento de la **población**. Opuesto: **sociedad moderna**.

Sociedad tribal: Ver **comunismo primitivo**.

Sociobiología (Edward Wilson): Disciplina que explica el comportamiento social de las **especies** (incluida la humana) en términos de la **selección natural** de genes, basándose en la biología evolutiva, el **neodarwinismo**, la **etología**, la **ecología** y la genética. La S sostiene que el hombre actual "es lo que es" porque nuestros antepasados "fueron quienes fueron". La agresión, el altruismo, la **sexualidad**, el odio, la **moral** y la **ética** pueden ser interpretadas –según la S- por el **proceso** de selección natural, que determina tanto la **evolución** de las **culturas** como la de las especies. Las "barras bravas", los grupos de choque o un marido maltratando a su esposa, estarían expresando la misma propiedad biológica subyacente al macho agresivo: la competencia territorial o la dominación sexual. Para la S, la **organización** social es resultado automático de la supervivencia de las características ventajosas de cada **individuo**: nada puede alterar el orden social establecido. Todo cambio es indeseable, anti-natural y anti-humano. Se ha criticado a la S el hecho de que no es válido culpar de nuestros crímenes violentos y **guerras** al remoto pasado de nuestros ancestros. La S utilizaría mal la **teoría de la evolución**, porque el que sobrevive en el proceso de selección natural no es el más *fuerte* sino el más *apto*. Además, que una **conducta** sea adaptativa no implica que la misma surja de la selección natural. También se ha vinculado a esta corriente con los intereses justificatorios de las potencias **imperialistas** del siglo XX, con el fin de dar razones supuestamente científicas a sus políticas agresivas hacia otros pueblos.

Sociocentrismo: Consideración del "otro cultural" desconocido y temido como "inferior", "bárbaro", "no humano", etc.

Sociología (principios del siglo XIX →): Disciplina abocada al estudio de las sociedades humanas. Los albores de la S estuvieron ligados a la búsqueda de la estabilidad social frente a los cambios producidos por la **Revolución Francesa** y el industrialismo. A. **Comte** -inventor del término-, quien es considerado uno de los fundadores de la S, propuso analizar a la **sociedad** como a un organismo biológico en consonancia con la visión **positivista** dominante en su época. Para E. **Durkheim**, la S es la ciencia de las **instituciones**, de su génesis y funcionamiento y de su relación con los **individuos**. Para Durkheim no es posible estudiar las ideas de las cosas: lo que importa es estudiar a las cosas mismas, los **"hechos sociales"**. Por el contrario, M. **Weber**, desde una visión individualista, la define como la "ciencia que trata de entender por vía de interpretación la **acción social** para poder explicarla así causalmente en sus efectos." T. **Parsons**, desde el **funcionalismo**, intentó una síntesis de estos dos últimos autores, enfatizando en la temática del **equilibrio social**. Para **Marx**, el eje central del estudio de la **sociedad** pasa por la **lucha de clases** a través de la **historia**.

Spencer, Herbert (1820-1903): Filósofo inglés, fundador de la **Filosofía** sintética o **evolucionista**. Apoyándose en la **teoría de la evolución de las especies** de **Darwin**, S estableció el **darwinismo social**, planteando el principio de la **supervivencia del más apto** al campo social para justificar el dominio racial, **colonial** y **capitalista** del mundo. De fuertes ideas **liberales**, entre sus obras principales encontramos a: *Sistema de filosofía sintética* (1862-93).

Status **(funcionalismo):** Posición que ocupa un **individuo, familia** o **grupo** en la **estratificación social** de acuerdo con la valoración que la **sociedad** hace de él. Es la sociedad la que asigna el S al individuo: el S social no depende de lo que el individuo *es* en realidad, ni de lo que *hace*, ni de lo que él *cree* que es. El S social refiere a lo que la *sociedad piensa* que el individuo *es* (el **papel social** o el **rol social** implica lo que la *sociedad piensa* que el individuo *hace*). Según R. **Linton**, el S le es asignado al individuo (S adscrito: edad, raza, sexo) o bien puede obtenerlo (S adquirido: gobernante, capataz, intelectual, barrendero, artista). Así, elegir una profesión, casarse o divorciarse, aceptar un cargo público, etc, implican una asunción voluntaria de S. El **S social** (ver) de una persona, familia o grupo debe considerarse sobre la base de los siguientes criterios: **linaje** o **estirpe**, riquezas o posesiones, utilidad funcional de los **roles** desempeñados (cuánto le sirve a la sociedad lo que el individuo o grupo hacen), nivel de instrucción, **religión**, sexo y edad, entre otros. Uno o varios de estos criterios pueden constituir lo que se conoce como "S clave" o S principal.

Status **social (funcionalismo):** Hay dos definiciones contrapuestas. Una de ellas define al SS como el lugar que una persona ocupa *objetivamente* en la **estructura social** o su posición en relación con las demás posiciones, es decir, como un sinónimo de **rol social**. En la otra, el SS designa la posición o rango que una persona mantiene *subjetivamente* o trata de conservar en la consideración de los demás. Es decir que se trata de la valoración que la **sociedad** hace de los diferentes roles, el reconocimiento social por parte de la sociedad del papel que representa cada **individuo** (ver la definición de *status* del **funcionalismo**). Por ejemplo, en nuestras sociedades, el *status* del médico está mejor valorado que el del sepulturero. Los *status* de mejor consideración social llevan parejos una serie de gratificaciones complementarias de **poder, dinero,** éxito y satisfacción personal. Cada hombre ocupa muchos SS (se es casado o soltero, **capitalista** o **trabajador,** judío o católico, jugador de fútbol o de truco. Cada SS tiene ciertas **normas** de **conducta** que se espera se cumplan. La suma de todos los SS o *status* acumulativo le da al individuo una posición general en la sociedad. Los *status* adscriptos son los que se basan en características personales, como los que tienen que ver con el sexo, la edad, el **parentesco** o la herencia (ser padre, pertenecer a una **aristocracia** hereditaria, etc). Los *status* adquiridos son aquellos en que los individuos sólo pueden ocupar algunas posiciones después de haber demostrado su capacidad o derecho para adquirir ese *status* (médico, artista, etc).

Steward, Julian H. (1902-1972): Antropólogo, fundador de la **Ecología cultural** o **Antropología ecológica**. Entre sus obras principales encontramos a: *Teoría del cambio cultural* (1955).

Subcultura: Segmento social que comparte determinadas **costumbres**, pautas, **normas** y **valores** distintos de los del resto de la **sociedad**. Desde el punto de vista antropológico, M. **Harris** sostuvo que la S es cada una de las culturas parciales dentro de una sociedad general, en la cual existe una **cultura** dominante. Sería el caso, por ejemplo, de los pobres o de los judíos y en general de minorías. El término se usa en **Sociología, Antropología** y estudios culturales para definir a un **grupo** de gente con un conjunto distinto de comportamientos y creencias, que los diferencia de la **cultura** oficial o hegemónica. La S suele distinguirse por la edad, **raza, género** o **clase social** de sus miembros. Las cualidades que determinan que una S sea diferente a la cultura hegemónica pueden ser estéticas, políticas, sexuales o una combinación de todas éstas. Se definen a menudo por su oposición y sus valores disconformistas, contestatarios o rebeldes. De acuerdo con teóricos como Dick Hebdige, los miembros de una S señalarán a menudo su pertenencia a la misma mediante un uso distintivo y simbólico del **estilo**. En consecuencia, el estudio de una S consiste con frecuencia en el estudio del simbolismo asociado a la ropa, la música y otras costumbres de sus miembros, y también de las formas en las que estos mismos **símbolos** son interpretados por los miembros de la cultura dominante. En ocasiones, cuando manifiesta posicionamientos políticos y sociales muy marcados, se la caracteriza como una **contracultura**. Desde la **Ciencia Política**, Almond y Powell ven a la S como una tendencia especial propia de algunos **individuos** -no de todos- en la **cultura política** de un **sistema** social. N. García Canclini no utiliza este término, optando por el de "**culturas populares**". Otros ejemplos de S son las llamadas "tribus urbanas" -como la "cumbia villera"-, los *hippies*, los *hackers*, los intelectuales o la "cultura de la **pobreza**" (O. Lewis).

Supervivencia del más apto (Herbert Spencer): **Concepto** fundamental del llamado **darwinismo social**, intenta demostrar que en toda **sociedad** se imponen y sobreviven aquellos que mejor se adaptan a las condiciones existentes. Sirvió como justificación de la **política colonial** británica del siglo XIX.

Supervivencia del más fuerte (darwinismo social): Teoría que sostiene que algunos **individuos** son más fuertes y por lo tanto superiores a otros, por lo que poseen el derecho de ejercer la dominación sobre los más "débiles". Para algunos autores, es una deformación del concepto de **supervivencia del más apto** de **Charles Darwin** (aunque otros sostienen que la expresión es de H. Spencer) y fue utilizada para justificar las políticas **imperialistas** de las **potencias capitalistas**.

T

Tabú: Todo **objeto**, ente, **acción** o palabra cuyo uso está prohibido por una **norma cultural** no escrita y cuya violación amenaza con desatar una catástrofe sobre el infractor. De origen polinesio, el término es utilizado para referirse a lo **sagrado** o intocable, y en **Antropología** y **Psicología** está vinculado con la **prohibición del incesto**, código **moral** que juega un **rol** delimitador y organizador de relaciones familiares y sociales.
Tabú del incesto: Ver **prohibición del incesto**.

Telúrico: Relativo o perteneciente al planeta Tierra y/o al suelo. El concepto se asocia a todo aquello vinculado con la tradición o las **costumbres** regionales, folclóricas, etc.

Teoría catastrófica: Ver **catastrofismo**.

Teoría creacionista: Ver **creacionismo**.

Teoría de la evolución: La **evolución** como **concepto** se remonta a los filósofos presocráticos. Pero durante la **Edad Media** se consideró que todos los animales y plantas que estaban sobre la Tierra habían sido creados por Dios (**fijismo**). Las ideas evolucionistas resurgieron con la **ciencia** moderna. En el siglo XVIII, Jean Baptiste **Lamarck** fue el primero en formular una TDE, conocida como **transformismo**. La revolución definitiva en la TDE la dará **Darwin** con su **TDE de las especies**.

Teoría de la evolución de las especies (Charles Darwin): Teoría de la evolución planteada por **Darwin**, para quien las poblaciones de los organismos son variables. Darwin partió de la observación de estas variaciones individuales y de la idea de que nacen más organismos de los que son capaces de sobrevivir. Los que presentan rasgos que no son ventajosos en un determinado dejan menos descendencia al vivir menos, o no la dejan si no llegan a la edad reproductiva; mientras que los que presentan características ventajosas, sobreviven logran reproducirse más. Los caracteres de esos padres exitosos pasan a sus hijos, y en esa **población** cada generación será ligeramente diferente a la anterior y estará un poco mejor adaptada a las condiciones del hábitat. Otro elemento innovador de las ideas de Darwin fue el despojar a la idea de **evolución** de todo sentido de dirección, de progreso. Darwin consideraba que la evolución no se dirigía hacia lo más perfecto, sino que tenía que ver con la adaptación de los organismos a condiciones cambiantes.

Teoría de la generación espontánea (siglo XVII): Teoría sobre el origen de la vida. En la época de **Newton**, en **biología** se consideraba que había dos formas de generación de los seres: una era la generación de los seres avanzados de la naturaleza (animales, plantas, hombres) mediante la reproducción sexual, y otra la generación de los seres más simples o ruines (insectos, ratas, serpientes, etc), por efecto del calor del Sol sobre los desechos. Según esta teoría, los primeros eran engendrados y los otros eran producto de una "generación espontánea". Los avances de la **ciencia** experimental y el uso de nuevas **tecnologías** (como el microscopio) complicaron dicha teoría y abrieron dos posiciones enfrentadas respecto de cada tipo de generación. La confianza de algunos seguidores de la TGE era tal que Van Helmont, en 1667, creyó probar la generación espontánea de un ratón dejando veintiún días en un frasco ropa interior sucia con **granos** de trigo. Conocida también como **heterogénesis**. La teoría rival fue conocida como **biogénesis** o anti-espontaneísmo, que finalmente se impuso: en 1668 Francesco Redi experimentó con el objetivo de refutar a la TGE, según la cual los gusanos de la carne podrida surgen por sí mismos. Redi buscó demostrar que esos gusanos son creados por organismos vivos, para lo cual puso pedazos de carne en dos recipientes, uno tapado con una lámina de metal delgado, y el otro sin tapa. Si la TGE fuera cierta, los gusanos deberían haber aparecido en ambos recipientes. Sin embargo, los gusanos sólo aparecieron en el frasco abierto, lo que habilitaba a pensar que un agente externo tomaba contacto con la carne podrida. Efectivamente, los gusanos surgían a partir de huevos de moscas (que las moscas sólo pudieron depositar en el frasco abierto).

Teoría de la panspermia (Fred Hoyle y Chandra Wickamasinghe): La TP se basa en la idea de que la vida está presente en todas partes y habría llegado al planeta desde el espacio interestelar. Hoyle y Wickamasinghe provenían de la astronomía y no de la biología, pero su **teoría** fue apoyada por biólogos como Crick (quien, junto con Watson, descubrió en 1953 la **estructura** de doble hélice del ADN). Un refuerzo para este argumento es la suposición de que los dinosaurios perecieron por las descargas de virus desconocidos que dejaron lluvias de cometas, lo que se probaría con el estudio de los impactos meteóricos en la Luna y Marte en la misma época. También sostuvieron que la caída de virus estelares se amortigua con la atmósfera y que se han encontrado rastros de virus en la alta atmósferas.

Los meteoritos tienen la edad del sistema solar; si se encontrasen organismos en ellos se probaría que existía vida en el sistema solar antes que en la Tierra. Así, en el meteorito Orgevil, caído en 1930, se hallaron esporas carbonizadas y en 1984, Murchinson Hans Phug halló en él bacterias y aminoácidos. Sin embargo, no hay acuerdo acerca de estas cuestiones debido a la difícil interpretación de los hallazgos.

Teoría de los equilibrios puntuados (Niles Eldredge y Stephen Gould, 1972): Suele ser caracterizada como una **teoría de la evolución** crítica de las **teorías de Darwin** y de la **teoría sintética de la evolución**. Sin embargo, se trata de una ampliación de la teoría darwiniana a entidades supra-individuales. Así, según Darwin, la **selección natural** opera sobre la variabilidad existente entre los individuos de una **población**. Según la TEP, existe selección natural a diferentes escalas: a nivel de las variaciones entre los individuos de una población, pero también entre diversas **especies**. Según Gould, la selección natural opera sobre cualquier entidad que sea variable y se reproduzca. Así como los individuos son variables y dejan descendencia, las especies también lo hacen a una escala de tiempo más amplia. Aquellas especies que colonizan más hábitat y se propagan más rápido, serán seleccionadas sobre las demás. Esta selección a nivel de especies se produce cuando surgen cambios geológicos que desestabilizan la **ecología** de las especies. Eldredge encontró que en las especies no se había producido ningún cambio en un período de tres o cuatro millones de años; el cambio, cuando se presenta, aparece en forma repentina. Por su lado, Gould encontró un patrón semejante al estudiar los caracoles de las islas Bermudas. Los dos comenzaron a llamar *stasis* a esta etapa de falta de cambio. Eldredge consideró que el cambio que se da de una especie a otra en los **fósiles** por él estudiados en el oeste norteamericano, eran sólo aparentes. Darwin y la teoría Sintética consideraban a las especies como efímeras, poco duraderas, dada la continuidad de la evolución. En cambio, para la TEP, las especies pueden verse como *individuos* y están espacio-temporalmente limitadas.

Teoría de Oparin-Haldane (Alexander Oparin y John Haldane 1930 →): Teoría acerca del origen de la vida que se basa en la idea de que en la atmósfera primitiva no había oxígeno libre, por lo que podían formarse compuestos orgánicos (compuestos formados en base a átomos de C) a partir de compuestos inorgánicos, independientemente de la existencia de seres vivos que pudiesen formarlos. Posteriormente, la asociación de estos compuestos orgánicos dio origen a las primeras células. Estos dos biólogos, Oparin, de origen ruso, y Haldane, de origen inglés, se basaron en el análisis físico-químico de la menor oxidación del hierro en rocas muy antiguas y datos geológicos de **fósiles**, que permiten ubicar en cuatro mil millones de años atrás la antigüedad de la vida de la Tierra. Los dos científicos llegaron a conclusiones similares, pero en forma independiente. Luego la teoría fue retomada por Miller y Urey en 1953, quienes reprodujeron las condiciones de la atmósfera primitiva mediante descargas eléctricas sobre un gas mezcla de metano, vapor de agua, hidrógeno, amoníaco, y obtuvieron toda clase de compuestos orgánicos y aminoácidos.

Teoría del valor-trabajo (fines del siglo XVIII →): Teoría planteada por Adam **Smith**, David **Ricardo** y Karl **Marx.** En Smith, el **valor** surge en la esfera del **mercado** sobre la base de la cantidad de **dinero** existente. En Marx –quien distingue un **valor de uso** y un **valor de cambio**- la TVT determina que el valor de los **bienes** está determinado por la cantidad de **trabajo** incorporado en los mismos en el **proceso** de **producción.** Es decir que se mide por el **tiempo de trabajo socialmente necesario** para producirlo, que es lo que determina su valor de cambio **objetivo.** Ricardo oscila entre ambas posturas. Se dice que es una **teoría objetiva del valor** pues se basa en la cuantificación del trabajo, midiendo el tiempo de **trabajo productivo** que los hombres le dedican a la actividad económica. La TVT parte de la idea de que la producción es colectiva y que el valor de las **mercancías** se deriva de la **división social del trabajo.** En este sentido, se contrapone a la **teoría subjetiva del valor.**

Teoría sintética de la evolución (Julian Huxley, 1942 →): Teoría que parte de la **selección natural** de **Darwin** -pero negando la herencia de los **caracteres adquiridos**- y de la incorporación de los **conocimientos** provenientes de la genética (**Mendel**). La "Nueva Síntesis" propuso una idea llamativamente simple: de tiempo en tiempo, las poblaciones de **especies** que tienen una dispersión muy amplia, se ven conmocionadas por un fenómeno natural -por ejemplo, el cambio estructural en una cadena montañosa, un río que cambia de curso-. Si esa barrera corta a la población en dos, las dos poblaciones ahora separadas continuarán cambiando cada una por su lado, hasta que al final se acumularán muchas diferencias entre ellas y no podrán reproducirse entre sí. De este modo, habrá nacido una nueva **especie.** Conocida también como **neodarwinismo.**

Terciario (65.000.000-2.000.000 a.C.): Primera etapa del período **Cenozoico**, al que le sigue el **Cuaternario.** En el T se formaron varias de las' más importantes cordilleras y se inició el desarrollo de los **antropoides.**

Tönnies, Ferdinand (1855-1935): Sociólogo alemán, definió a la **Sociología** como la **ciencia** que estudia las relaciones sociales, entendidas como el producto de la voluntad de los **individuos.** Observó dos formas que asumen esas relaciones: **comunidad y sociedad**, reivindicando a la primera como factor de **cohesión** social. Entre sus obras principales encontramos a: *Comunidad y sociedad* (1887).

Tótem: **Objeto** sagrado -planta, animal o cosa- al que se adjudican poderes sobrenaturales y se venera con diferentes rituales y prohibiciones. Según M. Harris, también opera como **símbolo** de filiación a un **grupo** o **clan**. **Freud** plantea que el T es el antepasado de la estirpe, el símbolo del patriarca, heredado, de cuya pertenencia se hace la base de todas las obligaciones sociales (por ejemplo, la **prohibición del incesto** y la **exogamia** están regidos por el **sistema** totémico), y de quien se espera protección y a quien se teme.

Totemismo: Adjudicación de poderes sobrenaturales a plantas, animales u **objetos** que se consideran antepasados de los miembros de un **clan** o **linaje**. Estos grupos de parentesco o clanes pueden tener su ***tótem*** particular, con el que desarrollan actividades rituales y míticas. El T está también en el origen de diversos tabúes (por ejemplo, comer ciertos animales). A partir de la observación de diversas comunidades indígenas, los estudios antropológicos (y también **Durkheim**) han descripto al T como una forma primitiva de **religión**, aunque autores como A. **Radcliffe-Brown**, C. **Lévi-Strauss** o M. Harris observan en el fenómeno vínculos de solidaridad entre **sociedad** y naturaleza. Así, Lévi-Strauss cuestionó la supuesta división entre **civilización** y **salvajismo** defendida por la **teoría** del T. Afirmó en cambio, que el T es un código, **metáfora** social o **lenguaje** simbólico para establecer diferencias sociales y normas entre los distintos **grupos**, un índice de **cultura**.

Trabajo: Actividad racional humana orientada a modificar los **objetos** de la naturaleza con el fin de adaptarlos a la satisfacción de diferentes necesidades. Mientras que la **teoría** económica clásica afirma que el T es un **factor productivo** (remunerado con el **salario**) que comparte con el **capital** la creación del **valor**, para **Marx** sólo el T es fuente de valor, siendo el capital T acumulado. **Engels**, por su parte, planteó que el T distingue al hombre del animal porque sólo aquel produce los elementos que hacen a su vida. Es más, el T creó al hombre, lo "humanizó" y separó del resto del reino animal. El T comienza cuando el hombre modifica a la naturaleza de un modo consciente; ello distingue al peor de los arquitectos de la mejor de las abejas: el pensamiento humano anticipa en la mente lo que luego transformará en la realidad. En *El papel del trabajo en la transición del mono al hombre*, Engels describió el paso clave de la posición erecta (luego de que los monos descendieran de los árboles) y la consiguiente liberación de las manos de la locomoción como factores de desarrollo del cerebro, lo que en definitiva derivó en la actividad del T como algo excluyentemente humano. En definitiva, la postura erecta liberó a las manos para fabricar herramientas y ello fue un poderoso acicate para el desarrollo del cerebro y del lenguaje. A pesar de la interpretación opuesta –de tinte idealista– de muchos antropólogos y paleontólogos, que colocaron al desarrollo cerebral como punto de partida de la evolución humana, descubrimientos científicos y hallazgos de **fósiles** recientes han confirmado la postura de Engels, como lo sostuvo el biólogo Stephen Jay Gould.

Trabajo alienado (Karl Marx): Trabajo que el **asalariado** realiza para otro (el burgués que le compra su **fuerza de trabajo**), para satisfacer el interés de éste y no para realizarse el **trabajador** como ser humano. Así, el **obrero** produce para un extraño, no para sí. El **producto** de su trabajo es extrañado (alienado) por el **capitalista.** Pero ese producto es encarnación de su actividad, de su inversión física y mental; los nervios y los músculos del trabajador corren la suerte del producto: el trabajo se convierte en TA. **Marx** sostiene que el TA nació en el momento histórico en el que se separó al productor de los **medios de producción** (máquinas, **tecnología,** herramientas), lo que trajo aparejado otras novedades vinculadas: la **explotación del hombre por el hombre,** la separación entre **trabajo manual** y **trabajo intelectual,** la aparición de las **clases sociales** y sus luchas, el **Estado** como forma de **dominación política** concentrada y las **religiones** como institucionalización de la dominación ideológica.

Trabajo de campo: Técnica de **investigación** caracterizada por la permanencia del investigador en el lugar que va a estudiar y su participación activa. Utiliza **métodos** tales como la **observación participante** y la elección del informante clave. El TC debe dar un esquema claro de la **estructura social** estudiada. En particular, se destaca el tratamiento dado a esta temática por Bronislaw **Malinowski.**

Transculturación: Cambios que se producen en la **cultura** de un **individuo** o **grupo** cuando asimila elementos de una cultura ajena. **Aculturación.**

Transformismo (Jean Baptiste Lamarck): Teoría que sostenía la herencia de los **caracteres adquiridos,** por los que las **especies** animales y vegetales se transforman en otras, debido a las influencias del medio. El ejemplo clásico que planteaba **Lamarck** es el de las jirafas. Decía que las jirafas ancestrales tenían un cuello corto. La necesidad de alcanzar las hojas más altas de los árboles las llevó a estirar su cuello progresivamente. Lamarck rompía con el **fijismo** al sostener que existía, mediante este mecanismo, transformación de una especie a otra.

Tribu: Unión de varias **familias, fratrías** o **clanes** por lo general **nómades** unidos por lazos de sangre y costumbres ancestrales. Según el **evolucionismo,** la T es una **organización** social anterior a la formación de ciudades-**Estados,** con un **gobierno** que controla un **territorio** autónomo –aunque otras visiones ligan al **término** con la ausencia de todo tipo de jefaturas, **poder** político o **clases sociales**-.

Turba: Muchedumbre desordenada y confusa.

Tylor, Edward Burnett (1832-1917): Antropólogo **evolucionista** británico, planteó que los elementos culturales más complejos se desarrollan desde las formas más simples. Así, según su esquema evolutivo, el desarrollo de la **cultura** humana se clasifica en tres **estadios**: **salvajismo**, caracterizado por la caza y la recolección, **barbarie**, centrado en la **agricultura** y el empleo del metal, y la **civilización**, con eje en la escritura. A diferencia de **Morgan**, transformó en temas centrales de su obra la "cultura primitiva" y la temática religiosa, considerando el **animismo** como su forma elemental, partiendo de la creencia en un alma humana.

V

Variación correlativa (Charles Darwin): **Fenómeno** según el cual, cuando se producen en una parte leves variaciones y se acumulan por la **selección natural**, otras partes también resultan modificadas. En la **teoría** de la herencia, significa que lo semejante produce lo semejante: el albinismo, por ejemplo, se repite en varios miembros de una misma **familia**, de modo que la herencia de una característica es la regla, mientras que lo anómalo es la no herencia.

NOMBRE ESCUELA	AÑO DE FUNDACIÓN (CUÁNDO)	LUGAR (DÓNDE)	AUTOR/ES (QUIÉN)	OBJETO DE ESTUDIO (QUÉ)
EVOLUCIONISMO				
EVOLUCIONISMO	1859	INGLATERRA	C. DARWIN E. TYLOR L. MORGAN	ESTADÍOS CULTURALES
NEOEVOLUCIONISMO	DÉCADA 1930		WHITE KROEBER	CULTURA UNIVERSAL
PARTICULARISMO HISTÓRICO	FINES SIGLO XIX	EE.UU.	F. BOAS	CULTURAS PARTICULARES
FUNCIONALISMO				
FUNCIONALISMO	1920	EE.UU.	B. MALINOWSKI	ESTRUCTURA CULTURAL EMPÍRICA
ESTRUCTURAL-FUNCIONALISMO	DÉCADA 1950	INGLATERRA	A. RADCLIFFE-BROWN	ESTRUCTURA SOCIAL EMPÍRICA
MATERIALISMO				
MATERIALISMO CULTURAL			M. HARRIS	CULTURA MATERIAL
MATERIALISMO HISTÓRICO		FRANCIA	M. GODELIER	RELACIONES DE PRODUCCIÓN
ESTRUCTURALISMO	DÉCADA 1950	FRANCIA	C. LÉVI-STRAUSS	
ECOLOGÍA CULTURAL	1955		J. STEWARD	CULTURAS PARTICULARES Y UNIVERSALES

MÉTODO (CÓMO)	EPISTEMOLOGÍA	CONCEPTOS CLAVES	OBRA CLAVE
DIACRÓNICO	POSITIVISMO	SALVAJISMO / BARBARIE / CIVILIZACIÓN / EVOLUCIÓN	*El origen de las especies por medio de la selección natural* (Darwin, 1859)
DIACRÓNICO	MECANICISMO	EVOLUCIÓN CULTURAL TECNOLOGÍA	
SINCRÓNICO OBSERVACIÓN DIRECTA	EMPIRISMO INDUCTIVISMO	RELATIVISMO CULTURAL	*Antropología general* (Boas, 1938)
COMPARATIVO OBSERVACIÓN PARTICIPANTE	INDUCTIVISMO	FUNCIÓN CULTURA INSTITUCIONES	*Los argonautas del Pacífico Occidental* (Malinowski, 1924)
COMPARATIVO OBSERVACIÓN EXPERIMENTAL	INDUCTIVISMO	ESTRUCTURA FUNCIÓN ROL	*Estructura y función en la sociedad primitiva* (Radcliffe-Brown, 1952)
DIACRÓNICO COMPARATIVO	ESTRUCTURALISMO		
	MARXISMO		*Racionalidad e irracionalidad en Economía* (Godelier, 1966)
DIACRÓNICO	INDUCTIVISMO	MEDIO AMBIENTE / NÚCLEO CULTURAL	*Teoría del cambio cultural* (Steward, 1955)